教室から学ぶ法教育2

学校で求められる法的思考

編著
教師と弁護士でつくる法教育研究会

現代人文社

法的思考を道標として

教員生活をスタートさせた1年目、毎日ヘトヘトになりながらも、子どもたちと過ごす日々に充実感を覚えていた若かりし頃がありました。それから10年以上経った今、子どもたちの成長に関われる仕事に充実感を得ながらも、一日の勤務を終えるとやはりヘトヘトに疲れ切って帰路につく日々が続いています。

経験がゼロだった初任の頃に比べて、10年以上の教員生活を経たことにより、教師としての経験は少しずつ、そして着実に積み重ねられていきました。ただ、初任の頃には10年後もこのような不安が続くとは想像していなかったことがあります。それは、「自分の指導は、本当にこれで間違っていないのだろうか？」という不安です。

教員としての経験が積み重ねられれば、このような不安が解消されるわけではないようです。

学校現場は、社会とともにめまぐるしく変化する対応や指導に加え、膨大に課されている日常の業務に追われています。そのため、毎日のように行う指導について、ゆっくりと振り返る余裕がない教員は、私だけではないだろうと想像されます。

教職を選んだ誰しもが、公正な教師でありたいと理想をもちながら教壇に立とうとしたはずです。それでは、私たちは何を指標として、公正な指導を追求すればよいのでしょうか。

たとえば、学級経営において教師が子どもたちに対し、平等に接しなければいけないのは当然です。しかし、平等であるとはどのような状態のことをいうのでしょうか。すべての子どもたちに対して同じ回数、同じ言葉の声をかければ平等といえるのでしょうか。これには強い違和感を覚えます。平等という言葉を一つ考えるだけでも、考え始めると長いトンネルに入り込んでしまいそうで、抜け出すのはなかなか難しそうです。このトンネルを進むのに必要となるのが法的思考です。

学校で生活をしている子どもや教職員、学校に関わる保護者や地域住民は、すべて人権が保障されるべき存在です。そしてその人権を保障しているのが法といえます。私を含めて多くの教員は法律を専門としていませんが、法的思考をもちながら子どもたちを指導することが、公正な指導を追求する第一歩となりえます。そして、子どもたちの人権や教職員の人権を考えることで、現在の学校現場が置かれている状況を、客観的に見つめることもできそうです。

学校現場はつねに社会の変化と多くの課題に向き合い続けなければなりません。多文化共生、宗教、合理的配慮、性、そして教員の長時間労働など。たとえば、2013年に施行されたいじめ防止対策推進法は、これまでに教育現場に大きな影響を与えてきた法律とどのような違いがあるのでしょうか。学校に関わる人間が、これらの課題とどう向き合い、どのように解決していけばいいのか、本書の事例と解説がその道標となりえたら幸いです。

2021年5月

横浜市立金沢中学校教諭　**井上弘毅**

すべての人が
大切にされる学校に

関東地方で大雪が降った日のことです。長靴を履いて歩いていると、後ろから雪が飛んで来ました。振り向くと、橋の上で中学生くらいの男子数人が雪遊びをしているのが見え、雪合戦の勢いが余ってのことと、一瞬、微笑ましく思いました。が、次々に雪の玉が飛んで来るのです。明らかにこちらを狙っていることがわかり、私は、橋の上をにらんだのですが、このとき、とっさに口から出そうになったのは、「君たち、どこの学校だ！」でした。休日の住宅街での出来事であり、日頃、何でも学校に押しつけるのは間違っていると思っていたにもかかわらず、です。

このような発想が生まれるのは、子どもは学校に所属しているという意識や、教育は学校が行うものとの認識があるからだろうと思います。その結果、学校には通報しやすいという気持ちが生まれているのかもしれません。

しかし、教育は、学校だけが担うものではなく、家庭や社会も教育の場です。教員も一人の生活者であり労働者ですから、学校が何でも引き受ければ教員の加重負担を招く結果になります。この日、私がすべきだったのは、学校を引き合いに出すのではなく、近所のおばちゃんとして、人に向けて、しかも後ろから雪玉を投げるのはよろしくないと伝えることでした。

そのような視点から、本書では、学校のあり方や教員の働き方について考えてみました。

また、学校も一つの社会ですから、人間関係も含め、さまざまな問題が発生します。それらを適切に解決して、教育の目的を果たすためには、一人ひとりの子どもが大切にされる必要があります。社会的な問題解決が必要な場面では、法的視点をもって考えることが役に立ちます。というのは、法とは、個人の自由や平等が最大限尊重されるという原則のもと、社会の中で発生する紛争を解決し、あるいは利害対立を調整するためのものであり、多様な人が共に生きるためのツールだからです。

弁護士は、法を解釈し、事案に当てはめて紛争を解決することを仕事としていますが、法の基礎となっている理念や原則を理解して社会の問題を考えることは、よりよい社会を作るためにとても大切なことと思っています。そのために、法律家として、法教育に取り組んできました。

私たちは11年前、法教育の授業という形ではなく、学校生活の中で起きる出来事を通して法教育を伝えたいと考え、『教室から学ぶ法教育』を刊行しました。その第2弾となる本書では、教員の先生が対応に苦慮されるような場面について法的視点を入れて考えてみました。社会の変化は当然学校にも影響を及ぼしますので、LGBTや障害者差別解消法等も取り上げています。

本書が、さまざまな問題に直面する教員のみなさまの参考になると幸いです。また、保護者をはじめとする大人の方々にも教育や学校の役割について考える一助になりましたら、大変うれしく思います。

そして、学校において、一人ひとりが大切にされる経験をした子どもたちは、自由や公正という重要な原則を身をもって理解し、民主的な社会を作る大人に成長していってくれるものと信じています。

2021年5月

弁護士　額田みさ子

目次

8 教師の人権 128

教員の新しい“働き方様式”のために　145

上越教育大学　**中平一義**

※　本書で引用する法律は、2021年6月1日現在のものです。

1　あるべき校則とは

この公立中学校には、髪型についての校則があります。しかし、生徒たちからは「今どき、なんで学校に髪型についてとやかく言われなくちゃいけないんだ。髪型くらい自分の自由にしてもいいじゃないか」と不評です。そこで、放課後15時から生徒会議室で、今年から生徒会長になった生徒と、生徒会担当の先生（生活指導主任を兼任）、スクールロイヤーの弁護士で、校則について見直しを始めました。

髪型と自己決定権

生徒　校則には、頭髪について、「派手な髪型は禁止、モヒカンやツーブロックなどの極端な長短が目立つ髪型も禁止」とあります。これはなぜですか？

教諭　これは、髪型や服装の乱れから学校が荒れ、授業が成り立たなくなったりしないように定めているんだよ。昔、いわゆる不良と呼ばれる生徒たちが多くて先生方も相当苦労したからね。

生徒　そうなんですか……。でも、それは昔の話で、私たちは髪型が自由になってもちゃんと授業を受けると思いますが……。

教諭　確かに大部分の生徒はしっかりと授業を受けるかもしれない。ただ絶対とは言い切れないよね？　先生たちは一人ひとりの勉強する権利を守りたいんだ。だから、学校が荒れるような原因と思われるものは少しでもなくしていきたい。

生徒　そう言われると……。じゃあ、私たちは我慢しなくてはいけないってことですか？

弁護士　そんなことはありません。憲法13条前段は「すべて国民は、個人として尊重される」と定め、基本的人権の尊重を要請しています。同条後段では幸福追求権を保障しており、この権利には「自己決定権」が含まれると理解されています。

生徒　「自己決定権」とは何ですか？

弁護士　「自己決定権」とは、権力に干渉されることなく、私的な事項について自分で決定する権利です。つまり学校から立ち入って指示されることなく、生徒が自分のことを自分で決めることができるということです。ただし、他人に迷惑をかけたりしてはいけませんが。

生徒　じゃあ、どんな髪型でも大丈夫なんだ。

弁護士　人権という観点から考えるとそうなりますね。

髪型を自由にすると学校が荒れる？

教諭　ちょっと待ってください。自己決定権はわかるけど、学校が荒れてからの対応では遅くなるし、われわれは憲法26条で保障されている生徒の学習をする権利を守る責任もあります。そもそも、地域からも落ち着いた学校を望む声は多いですし。

弁護士　なるほど。先生方の言い分も理解はできます。学校としては、生徒が健全な学校生活を営み、より良く成長・発達していくためには一定の決まりが必要と考えているということですよね。

教諭　そのとおりです。

弁護士　一般に、校則に定められる事項は、学校教育や学校内での生活など本来の教育目的に関するものだけではなく、生徒のしつけや学校外の行動など生活指導に関するものも含まれます。もっとも、後者については、生徒個人が自律的に決定し行動する自由を妨げるおそれがあるので、規制が過度にならないように注意が必要です。

生徒　注意が必要？

弁護士　生徒は未成年者ですから、これが理由で人権が制約されることがあります。しかし、その制約は未成年者の心身の健全な発達をはかるための必要最小限度のものでなくてはなりません。

生徒　髪型を制限する校則の場合は、どう考えるのですか？

弁護士　まず、侵害されると考える利益が憲法の保障する権利であるかを検討します。憲法の保障する権利であることが確認されたら、次に、その制限が許されるかどうかを検討します。一般論としては、規制によって得られる利益と失われる利益を比較（利益衡量）し、前者のほうが大きい場合には制限が許されます。もっとも、利益衡量は主観的判断にならざるをえないところがあります。そこで、ここでは規制の目的、目的を達成するための手段、目的と手段の関係をそれぞれ評価して、制限が許されるかどうかを考えてみましょう。

教諭　目的と手段について考えるのか……。慎重ですね……。

弁護士　校則は、個々の生徒の人格や個性の違いを考慮しないで、生徒全員を一律に規制します。つまり、非行化防止のためにある行動を禁止すると、非行と関係がない生徒の行動も一律に禁止されます。だからこそ、慎重に考えなければならないのです。

生徒　ふーん……。

検討①――その校則の目的は何か？

弁護士　問題となっている校則は、生徒が派手な髪型や極端な長短が目立つ髪型にすることを禁止しています。これでは生徒が髪型を自由に決めることはできません。髪型を決定する自由は、先ほど説明したように、自己決定権の一内容として憲法13条により保障されます。

生徒　そうそう。

弁護士　次に判断の枠組みを設定します。髪型はその人の自尊心や美的意識に結びついています。髪型の決定はその人の個性のあらわれという側面もあります。また未成年者であっても、髪型の決定は人格の形成にとって重要なことがらです。そうすると、その制限は、重要な利益を守る目的でなされ、そのためにとられた手段が、その目的達成のためにより制限的ではない代替手段がないものであり、目的と手段が整合するものでなければならないと考えるべきです。

生徒　最初は目的の評価ですね。

弁護士 目的を評価する前に、何がその校則の目的であるかを確認しなければなりません。目的は何でしょうか？

教諭 生徒を保護することです！

弁護士 なるほど。髪型を決定する自由（自己決定権）を制限する校則の目的は、生徒を保護することにある。校則の目的をもう少し具体的に言うとどうなりますか？

教諭 あらためて言われると……。中学生にふさわしい髪型を維持し、非行を防止するためです。

弁護士 なるほど。生徒の非行化防止が目的。目的を評価しましょう。この目的は、未成年者の心身の健全な発達を促進すると解されるので、重要な利益を守る目的と考えられます。

生徒 目的はクリア！

検討②——規制の手段は適切なのか？

弁護士 次は、規制手段の検討です。校則は「派手な髪型は禁止、モヒカンやツーブロックなどの極端な長短が目立つ髪型も禁止」と定めています。つまり、非行化防止目的を達成するために、特定の髪型を禁止するという手段がとられています。この校則は、最初からこのような内容ですか？

教諭 もともと、「派手な髪型は禁止。モヒカンなどの極端な長短が目立つ髪型も禁止」という内容でした。派手な髪型というのは、パーマをかけたり、髪を染めたりすることです。モヒカンは、有名なサッカー選手のヘアスタイルが男子の間で流行ったことがあって禁止になったと聞いています。近年、男子の間でツーブロックという髪型（頭部の上部分の髪は長めに残し、サイドの部分を刈り上げる髪型）が流行っているので、これも禁止の対象に加わりました。

弁護士 あぁ。ソフトモヒカンのほうですか。パンクスタイルのほうかと思いました。流行のヘアスタイルは禁止されるんですね……。特定の髪型を禁止するほかに、より制限的でない手段はありそうですか？　少し考えてみてください。

生徒 あるかな……？

弁護士 手段の評価は後でするとして、先に目的と手段の関係を評価します。ここでは目的と手段の因果関係が問われます。

教諭 服装や髪型の乱れは生活の乱れ。これは生徒指導の常識ですよ。

弁護士 そうでしょうか。「服装や髪型が乱れ」ると「生活が乱れ」るのか、それとも「生活が乱れ」ると「服装や髪型が乱れ」るのか、因果関係ははっきりしませんね。仮にいずれかの原因結果の関係があるのだとすれば、非行化防止のために特定の髪型を禁止することは許されるかもしれませんが……。

教諭 でも、非行に走った生徒のことを意味する言葉が昔からあるじゃないですか。「ツッパリ」とか「ヤンキー」とか。これらの言葉から連想される服装や髪型と言ったらわかってもらえると思うのですが、服装や髪型の乱れは非行化のサインなんですよ。

弁護士 校則からの逸脱は、非行に走ったり、走りかかったりしている生徒の自己アピールのひとつの方法なのかもしれません。しかし、非行化とは関係なく没個性が嫌で服装や髪型で自己をアピールする生徒もいるのではないでしょうか。

検討③——手続は適正だったのか？

生徒 （なんか言い合いになってるな……）あ、あの、ところで、この校則はいつからあるんですか？

教諭　ツーブロックが禁止の対象になったのは、あなたが入学する前年で、それ以外の髪型はもっと前から禁止されていたそうだよ。

生徒　ツーブロック禁止って誰が決めたんですか？

教諭　生徒会で話し合って決めたんだよ。

生徒　えっ、生徒会で決めたんですか？

弁護士　民主的な手続は経ているということですね。

教諭　そのとおりです。だから、手続の点でも、この校則は正当化されるはずです。

弁護士　確かに、校則が民主的な手続を経て制定・改正されれば、生徒たちも受け入れやすいというのはそのとおりかもしれません。ツーブロックを禁止したいきさつを聞かせてください。そもそも、きっかけは何だったのですか？　生徒から声があがったのですか？

教諭　生徒から声があがったわけではありません。生徒の親や地域からの要望があり、学校側から改正を提案しました。学校側から提案はしましたが、最終的に承認したのは生徒会です。何か問題がありますか？

弁護士　人権保障と民主主義の点で問題があると思います。

教諭　えっ、どういうことですか？

弁護士　髪型の決定は、そもそも個人の自由な決定に委ねられるべきことがらです。ツーブロックが禁止されることで影響を受ける生徒はおそらく少数派でしょう。少数派の権利保護の見地からすると、このようなことがらは、多数派の意見によって制限されるべきではありません。

教諭　多数決で決めてはいけないことがらがあるということですか……。

弁護士　民主主義においては、それぞれの人の意見を尊重しつつ、まずは話し合いによる合意形成を試みるべきです。校則を改正したときの生徒会ではどのようなことが話し合われたのでしょうか？

教諭　とくに大きな議論はなかったと思います。親や地域の要望を受けて、学校側から校則を改正してはどうかと提案があった以上、その必要はあるのだろうということで承認されました。

弁護士　十分な話し合いは行われなかったということですね。生徒会で議事を行うのは生徒会の役職にある生徒ですよね。そのような立場には、成績優秀で模範的な生徒がつくことが多いのでは？

教諭　生徒会の役職につくのは、そういう生徒が多いですね。

弁護士　そうした立場にいる生徒は、そもそも校則から逸脱することがあまりないから、校則による禁止の影響をほとんど受けないのではないですか？

教諭　確かに……。

弁護士　学校側が必要だからと提案し、多くの生徒にとって自分に何の影響もない校則について、はたして生徒たちがまともに話し合うでしょうか？　影響を受ける少数派の生徒はちゃんと意見を言えたのですか？

教諭　何人かの生徒が反対意見を述べましたが、議論がかみ合わず、結局多数決で承認されました。

弁護士　多数派が校則の必要性を前提にしていたことが議論がかみ合わなかった原因かもしれません。

教諭　そうかもしれません……。

教育の役割分担

弁護士　そもそもなぜ、生徒の親は、学校に対して、そのような要望をするのでしょうか？　教育基本法10条は「父母その他の保護者は、子の教育について第一義的責任を有する」と定めています。髪型をどうするかは家庭教育の範疇のはずですが……。

教諭 それはそうなんですけど、親から髪型を指導してほしいという要望があるので、無視するわけにはいきません。

弁護士 そういえば、地域の要望とも言っていましたが、どういうことですか？

教諭 地域の住民から、生徒の見た目が目立つとすぐに連絡があります。落ち着いた学校を地域が望んでいます。

弁護士 教育基本法13条は「学校、家庭及び地域住民その他の関係者は、教育におけるそれぞれの役割と責任を自覚するとともに、相互の連携及び協力に努める」と定めています。生徒の見た目が気に入らないので学校に直接連絡するという態度が、地域住民の教育における役割と責任という観点から適切か疑問があります。取り合わなくてもよいのではないでしょうか。

教諭 そうも言っていられません。地域住民の要望も無視できません。学校、家庭や地域との役割分担ができれば理想的なのですが、家庭も地域も学校に期待しています……。

弁護士 学校や先生方も苦しい立場なんですね……。

結論は……？

生徒 あのぅ、ところで、特定の髪型を禁止するという手段の評価は……？　結局、他の手段は思いつかなかったんですけど……。

弁護士 そうでした。校則は、原則として髪型の自由を認めつつ、特定の髪型を禁止しています。仮に髪型の乱れと非行化などの間に強い関連性が認められて、より制限的でない手段がありそうもないならば、非行防止の観点から特定の髪型を禁止することは許される場合もあると考えます。「ツッパリ」や「ヤンキー」といったいわゆる非行少年に特徴的なヘアスタイルを念頭に置けば、パーマや毛染めの禁止は非行防止の観点から認められると思います。同様の観点から、パンクスタイルのモヒカンの禁止も認められると思います。しかし、ソフトモヒカンやツーブロックも同様に考えられるかは疑問です。

教諭　弁護士にそう言われてしまうと……。あっ！　しまった。もうこんな時間だ。申し訳ないけど、部活動の時間なので、続きは次回に！

時計の針はもう16時を差していました。先生は急いで校庭へと向かいました。

［解説］……………………校則で髪型の自由を制限することの問題点

1■「校則」の定義等

まず、校則の定義等を確認しておきましょう。

文部科学白書（平成17年版）では、「校則」は「児童生徒が健全な学校生活を営み、より良く成長・発達していくため、各学校の責任と判断の下にそれぞれ定められる一定の決まり」と定義されており、「校則自体は教育的に意義のあるものですが、その内容・運用は、児童生徒の実態、保護者の考え方、地域の実情、時代の進展などを踏まえたものとなるよう、積極的に見直しを行うことが大切」であるとされています（第２部第２章第２節５）。言い換えれば、校則の内容や運用は、社会通念に照らして見直しが行われるべきであるということです。「社会通念」とは「その時代その社会一般の人に支持されている常識や、その枠の内にとどまることが良しとされる判断」です（新明解国語辞典第７版）。社会通念が時代により地域により変化するということは、言葉のもつ意味から明らかです。繰り返しになりますが、校則の内容や運用の見直しは、現在の常識から外れているかどうかという視点から行われることになります。

学校が校則を制定できる根拠は法律上明らかではありません。校則の法的性格について見解は一致していません。しかし、学校は、児童・生徒の心身の発達に応じた普通教育の実現（学校教育法29条・30条、45条・46条、50条・51条）のため、生徒を規律する校則を定めることが幅広く認められている資格を有すると考えざるをえません。また、「教育は、人格の完成を目指」すものですから（教育基本法１条）、校則の規律事項は、学校教育や学校内部の生活など本来の教育目的に関するものに限られず、生徒のしつけや学校外の行動など生活指導に関するものも含まれます。もっとも、後者については、生徒個人が自律的に決定し行動する自由を妨げるおそれがあるので、規制が過度にならないように注意が必要です。

2　幸福追求権の内容

事例では、弁護士は髪型を決定する自由は幸福追求権（憲法13条）の一内容として保障されると説明しています。しかし、この説明は幸福追求権の内容についてある考え方（一般的自由説）を採用することを前提としています。別の考え方を採用した場合にはどうなるのでしょうか？

憲法13条後段が保障している幸福追求権の内容（保障範囲）については、２つの考え方が対立しています。１つは、人の行うあらゆる行為の自由が幅広く幸福追求権として憲法上保障されるという考え方（一般的自由説）です。もう１つは、幸福追求権として憲法上保障されるのは人が生きていくうえで必要不可欠な利益に限るという考え方（人格的利益説）です。

髪型を決定する自由は、一般的自由説からは幸福追求権（自己決定権）として認められますが、人格的利益説からは人権として認められない可能性が高いと考えられます。

3　髪型の自由に関する裁判例

髪型の自由について争われた裁判において、裁判所はどのように判断しているのでしょうか。法律家の思考では、①髪型の自由は人権として認められるか（憲法により保障されるか）、②髪型の制限が合理的範囲内か、という２段階で検討を行うことが一般的です。しかし、以下の裁判例では、この２段階がこの順序で必ずしも検討されていないので、裁判所の判断がどちらの段階に当たるのかを段階Ⅰ、段階Ⅱと示してあります。

髪型の自由は人権として認められるかという点について結論を先に示せば、地方裁判所レベルでは、髪型の自由は憲法13条により保障されると判断される傾向があるようです。

⑴ 東京地方裁判所昭和38(1963)年7月29日判決

この裁判では、受刑者の頭髪を丸坊主刈りにすべきものとする法令等の合憲性が争われました。裁判所は「一般に、各人が頭髪の型に関して有する自由については、憲法上直接これを保障する明文の規定はないが、憲法の自由の保障に関する規定は制限列挙的なものと解すべきではなく、本来国民が享有する一般的な自由のうち、歴史的、社会的に特に有用なものについて、個別的に明文の規定を置くとともに、そこに記載されていないものについても、一般的にこれを保障する趣旨をも含むものと解すべきであり、そのことは憲法第13条の規定からも窺い得るところである。従って、個人のもつ蓄髪ないし調髪の自由に対して、国家は理由なくこれを制限することは許されない」としています(段階Ⅰ)。そして、受刑者の頭髪に関する自由の制限が許されるかどうかは、受刑者を刑務所に収容する目的を達するために合理的な必要性があるかどうかを検討するという判断枠組みのもと、受刑者という特殊の地位に基づき頭髪を丸坊主刈りにすることには、合理的な必要性があり、憲法13条には違反しないと判断しました(段階Ⅱ)。

この裁判の原告は受刑者という特殊な立場ではありましたが、裁判所は髪型の自由について「本来国民が享有する一般的な自由」に含まれ、憲法13条により保障されているとしました。

⑵ 熊本地方裁判所昭和60(1985)年11月13日判決

この裁判では、男子生徒の髪型を「丸刈、長髪禁止」と定める公立中学校の校則の合憲性が争われました。原告は憲法14条・31条・21条違反を主張しました。裁判所は「中学校長は、教育の実現のため、生徒を規律する校則を定める包括的な権能を有する」として、校長に広範な裁量を認めました。そして、「生徒の服装等について規律する校則が中学校における教育に関連して定められたもの、すなわち、教育を目的として定められたものである場合には、その内容が著しく不合理でない限り」校則は違法にならないという判断枠組みを示しました。そのうえで「本件校則はその教育上の効果については多分に疑問の余地があるというべきである」としつつ、校則の内容が「著しく不合理であることが明らかであると断ずることができない」と判断しました（段階Ⅱ）。

なお、この裁判では原告は髪型の自由を憲法13条の問題としていません。そのため、裁判所は髪型の自由の憲法上の根拠（段階Ⅰ）について言及していません。

(3) 東京地方裁判所平成3（1991）年6月21日判決

この裁判では、パーマをかけることを禁止する私立高校の校則の合憲性が争われました。裁判所は、高等学校は法律的に格別の規定がない場合でもその設置目的を達成するために必要な事項を学則等により一方的に制定し、これによって在学する生徒を規律する包括的権能を有し、この包括的権能は、在学関係設定の目的と関連し、かつ、その内容が社会通念に照らして合理的といえる範囲において認められるという判断枠組みを示しました。校則の目的については、高校生にふさわしい髪型を維持し、また、非行を防止することにあると認定しました。パーマの禁止は、私学教育における独自の校風と教育方針を実現するために不必要な措置とは断言できないとしました。そして、校則の内容の合理性を検討する際に「個人の髪型は、個人の自尊心あるいは美的意識と分かちがたく結びつき、特定の髪型を強制することは、身体の一部に対する直接的な干渉となり、強制される者の自尊心を傷つける恐れがあるから、髪型決定の自由が個人の人格価値に直結することは明らかであり、個人が頭髪について髪型を自由に決定しうる権利は、個人が一定の重要な私的事項について、公権力から干渉されることなく自ら決定することができる権利の一内容として憲法13条により保障されていると解される」としたものの（段階Ⅰ）、パーマ禁止の校則は、特定の髪型を強制するものではない点で制約の度合いは低いといえるし、原告が高校に入学する際、パーマが禁止されていることを知っていたこと併せて考えると、髪型決定の自由の重要性を考慮しても、同校則は髪型決定の自由を不当に制限するものとはいえないと結論づけました（段階Ⅱ）。

裁判所は、「髪型決定の自由が個人の人格価値に直結することは明らか」であるとして憲法13条により保障されるとしました。

4 髪型の自由の制限が許されるかどうかの判断枠組み

⑴ 髪型の自由が人権と認められる場合

事例で弁護士は、侵害されると考える利益が憲法の保障する権利であることが確認されたら、次に、その利益の制限が許されるかどうかを判断すると説明しています。ひとつの考え方として、利益衡量（制限によって得られる利益と失われる利益を比較して、前者のほうが大きい場合には制限が許される）という手法が紹介されています。しかし、利益衡量の基準は明確ではありません。そこで、弁護士は、制限の目的、目的達成手段、目的と手段の関係をそれぞれ評価するという手法を提示しています。

弁護士は髪型の自由が個人の人格価値に直結する点を重く見て「厳格な合理性の基準」という判断枠組みを用いています。生徒の非行化防止という目的については、未成年者の心身の健全な発達を促進することを指摘し、「重要」と評価しています。「派手な髪型は禁止、モヒカンやツーブロックなどの極端な長短が目立つ髪型も禁止」という手段については、そもそも目的達成のためにより制限的ではない代替手段がないと評価するのは難しいと考えているようです。目的と手段の整合性（因果関係）においては、「仮に髪型の乱れと非行化などの間に強い関連性が認められるならば」という仮定のもと、パーマや毛染め、パンクスタイルのモヒカンの禁止を認めつつも、ソフトモヒカンやツーブロックも同様に考えられるかは疑問があるとしています。髪型と非行化などの間に関連性がないか、認められるとしてもそれが弱い場合には、特定の髪型を校則で禁止することは許されないことになりそうです。

⑵ 髪型の自由が人権と認められない場合

人格的利益説からは髪型の自由は人権として認められない可能性が高いと考えられます。髪型の自由が人権（憲法上の権利）として認められない場合はどのように考えればよいのでしょうか。人権として認められない以上、どのような制限でも許されるということになるのでしょうか？

結論を先に示せば、髪型の自由が人権と認められない場合でも、校則による髪型の制限が何でも許されるということにはなりません。人格的利益説の立場からも、人権と認められない自由や利益を制限するには、十分に実質的な合理的理由がなければならないと考えられています。審査には比例原則（①目的と手段の適合性、②目的達成手段の必要性、③利益の均衡という３つを内容とする）が用いられますが、人権と認められない自由や利益は、憲法に反した強制を受けないという意味にとどまるため、緩やかに審査されることになります。

⑶ 裁判例における判断枠組み

上記東京地裁平成３年判決では、学校側には校則を制定することについて広い裁量が認められるという前提のもと、在学関係設定の目的と関連し、かつ、その内容が社会通念に照らして合理的かという緩やかな判断枠組みが示されています。

5　民主的手続

校則の正当性に関連して、生徒会などの民主的手続を経ていることが挙げられることがあります。このような手続を経ていれば、何の問題もないのでしょうか？

事例で弁護士は、人権保障と民主主義という観点を提示しています。そもそも少数派の権利保護の見地からすると、個人の自由な決定に委ねられるべきことがらは、多数派の意見によって制限されるべきではありません。多数決で決めてはいけないことがらもあるのです。また、民主主義においては、それぞれの人の意見を尊重しつつ、まずは話し合いによる合意形成を試みるべきで、多数決は次善の策にすぎません。したがって、仮に議論が深まらない状況のまま多数決を行って方針が決定されたのだとしたら、それは単に少数派を多数派の意向に従わせているにすぎず、民主的な手続とはいえません。

2　民主的な結論の出し方

3年１組の教室では、秋の文化祭に向けて、「わがクラスの出し物」をどうするかの話し合いが行われました。この中学校では、文化祭は各クラスの「出し物」が行われることになっており、舞台発表の部の合唱か演劇、または、展示発表の部の発表のいずれかを行うことになっています。

多数決で決めればOK ？

司会　「わがクラスの出し物」について話し合いを行いたいと思います。（「話し合いなんかいらない」「３年生なんだから、演劇に決まってんだろ」等のつぶやきがあちらこちらで出る。さらに、「そうだ。そうだ」の声も）

司会　では、多数決で決めていいですね。

（「早く多数決で決めろ」の声が数人から出る）

司会　では、わがクラスの出し物は、演劇でいいという人は手を挙げてください。

（賛成の挙手者が多数、挙手していない生徒も結構いる）

司会　賛成多数なので、今年の出し物は演劇に決定します。

こうして、３年１組の文化祭の出し物は演劇に決定しました。しかし、この決定に対し、数人の生徒から異議が出されました。

生徒Ａ　昨年２年１組で僕は、展示の出品をみんなで協力して行いました。１年生や上級生、保護者からも好評を得ることができました。ですから、３年１組でも展示の出品をするほうがよいと考えていたのに、すぐに採決をして決めてしまったので、意見を言うことができませんでした。このような決め方はおかしいです。

生徒Ｂ　私は合唱がよかったです。昨年、私のいた２年４組と２年３組は合唱をして、すばらしいハーモニーを聞かせることができたので、３年１組でも合唱をクラスの出し物にすることがよいと考えていました。しかし、すぐに多数決で決まってしまいました。もっと違う考えの人の意見も採り上げてほしいと思います。

その日の昼休みや放課後に生徒たちから異議が出され、担任のＺ先生は、この状況に困っていました。そこで、学年の先生方に相談してみました。

教諭Ｓ　ＡさんやＢさんら生徒の言うことは当然ですよね。もう一度話し合ったほうがいいんじゃないですか？

教諭T　一度話し合って多数決で決めたのだから、そのままで放っておけばいいんですよ。演劇の準備・練習が始まればそんなこと忘れちゃいますよ。出し物を決定しなければならない締め切りもあることですから。

教諭U　うちのクラスも似たようなものでしたよ。学級委員が「演劇でいいよね」と言って、「賛成の人は手を挙げて」で、賛成多数で決めちゃいましたよ。

Ｚ先生は、このままでもいいのか、やっぱりもう一度話し合ったほうがいいのか、悩みが深まるばかりでした。そこで、スクールロイヤーの弁護士に相談してみました。

弁護士　ＡさんやＢさんの意見を取り上げたほうがいいのではありませんか。話し合いをほとんどしないですぐに採決をし、多数決で決めるということは、民主的にものごとを決めたということになるのでしょうか。発言の機会もない人がいるのは望ましい決め方とはいえないと思います。それに、物事を正しく判断するには、多くの情報を集めたほうがいいともいえます。ＡさんやＢさんら少数派の意見も採り上げ、十分話し合ってから決めたほうが、生徒のみなさんのためになるのではないでしょうか。文化祭の準備期間までは少しは時間があるようですから、もう一度話し合いをしてはどうでしょうか。

話し合ってから多数決をすればOK ?

Ｚ先生は、弁護士のアドバイスに従って、もう一度クラスで話し合うことにしました。

司会　Ｚ先生からのお話がありましたので、「わがクラスの出し物」についてもう一度、話し合いを行いたいと思います。

（「一度決めたことなんだから演劇でいいじゃないか」などのつぶやきがあちらこちらから聞こえる）

司会　それでは、まず各班で話し合ってください。

（１班の様子）

生徒Ｃ　僕は合唱がいいと思う。

生徒Ｄ　私も、クラスの団結力を高めるためにも合唱で参加するのがいいと思います。

生徒Ｅ　去年のうちのクラスでは、合唱練習で対立して大変だったんだぜ。合唱が好きな人に、「どうして、合唱が苦手な人はまじめに練習してくれないの」とか、「パート練習ちゃんとやってよ」とか言われて、合唱が苦手な人はよけいにやる気をなくしちゃうし、ちっとも楽しくなかったんだから。

生徒Ｂ　私も合唱がいいと思います。昨年２年４組で行った合唱が、みんなで協力してできたので忘れられません。今年もクラスで合唱をするのがいいと思います。

生徒Ｅ　演劇のほうがトラブルが少なくていいよ。僕は演劇がいいな。僕、主役をやりたい。みんな、演劇にしようよ。

しかし１班では、賛成多数で合唱をすることに決定しました。Ｅさん（合唱反対派）は、決まってからも「やだなぁ」とぶつぶつ文句を言っています。

（２班の様子）

生徒Ｆ　話し合いなんて面倒だから、多数決で決めよう。はい、演劇で賛成の人。１、２、３……。うちの班は、演劇でいいね。

こうして２班は、演劇に決定しました。２班のＦさん以外の生徒は無言のまま、誰かから「ま、いいか」というつぶやきがあっただけでした。

（３班の様子）

生徒Ｇ　合唱でいいよ。舞台発表のほうがいい。展示の出し物なんてやめよう。

生徒Ｈ　私も合唱がいいです。

生徒Ｇ　展示なんか誰もよく見てくれないし、面倒なだけだよ。合唱なら全員が主役になれるからいいよ。演劇だと役者はいいけど、大道具なんか大変だからイヤだ。

３班は、みんなＧさんの意見に賛同し、合唱になりました。

４班は、「どうする？」と、決めかねている様子です。「出し物は必ずやらなきゃいけないの？　やらないというのはダメなのかなぁ」という声も聞こえます。

５班は、「出し物なんて面倒くさいから、やりたくないなあ」という声が多く、決める気がなさそうです。

（６班の様子）

生徒Ａ　昨年、展示の出品をみんなで協力して行って、とても好評を得ることができたから、展示の出し物がいいと思う。

生徒Ｉ　私は、合唱がいいな。私のいた２年３組の合唱も好評だったよ。

生徒Ｊ　合唱だと練習が面倒だし、俺みたいな「音痴」は恥ずかしいからイヤだ。展示ならみんなでチャッとやって終わりだから、いいよ。

６班は、結局、結論が出ませんでした。

司会　それでは、各班から発表してください。

１班　合唱がいいと思います。

２班　演劇がいいと思います。

３班　うちの班は合唱がいいです。

４班　まだ決定していません。

５班　うちの班も、まだ決定していません。

６班　展示と合唱という意見が出ました。

司会　合唱に賛成の意見が多いようですが、ほかに意見はありますか？

生徒Ｇ　合唱の賛成者が多いんだから、多数決で決めよう！

（「そうだ、そうだ」の声が起こる）

司会　それでは、多数決をとります。合唱がいいという人は手を挙げてください。１、２、……。賛成 15 人、反対 13 人、手を挙げなかった人５人で、賛成多数なので今年のわがクラスの出し物は合唱をすることにします。

生徒Ａ　ちょっと待ってください。前回よりはましですが、簡単にすぐ採決して決定するんじゃなくて、もう少し話し合ってから多数決で決定したほうがいいんじゃないですか？

生徒Ｇ　賛成多数の多数決で決まったんだからいいじゃん。

（「そうだ、そうだ」の声が起こる）

司会　各班で話し合い、そのうえで多数決で決めたのですから、わがクラスの出し物は合唱ということでいいですね？

生徒Ａ　賛成のほうが確かに多いけど、挙手していない人がいるのだから、合唱の賛成者が多いので決定するというのはおかしいです。

生徒Ｅ　賛成多数といっても、挙手しなかった５人が反対なら、多数決の結果は逆になったんじゃないですか。それで決定するのはおかしいと思います。

生徒B　私は合唱で決まったからいいんだけど、票数がちょっと微妙ですよね。もう一度話し合ったほうがいいんじゃないですか？

Ｚ先生は、話し合いを行って決まったことだし、この決定でよいと思う反面、確かにまだ議論が不十分な気もして、もう一度このことを弁護士に相談してみることにしました。

弁護士　クラスのみなさんで話し合いをせずに、いきなり班で話し合い、その意見を出してもらい、すぐに採決というのはいいのでしょうか。とくに、話し合いになっていない班もあるという状況は、話し合いを行ったとはいえないと考えられます。やはり、生徒全員が正しい判断をするために、たくさんの意見や情報に触れたほうがよいと思います。それに、賛成者が半数に達していないのも、最終的には仕方がないですが、十分納得できる議論ができていないからかもしれませんね。２回採決をして決定したということですが、文化祭の準備期間までまだ時間があるようですから、もう一度話し合いをしてはどうでしょうか。

話し合いはどのくらい必要？

教諭Z　この前、話し合いをして、文化祭のうちのクラスの出し物は合唱をするということに決定しました。その後、数人の生徒から、この決定に対し異議が出されていることはみなさんも知っていますよね。そこで、スクールロイヤーの弁護士に相談したら、次のようにおっしゃっていました。「民主的な話し合いでは、よりたくさんの人の意見を募って、話し合いを十分行ったほうが、より正しい判断ができる。また、賛成した人が半分もいないのは、みんなが納得できていないのではないか」と。そこで、まず、話し合いそのものを行うことの是非について話し合いをしてから、論議を行うことにしましょう。

司会　それでは、わがクラスの出し物について、もう一度話し合いをしたほうがいいかどうかについて話し合いたいと思います。

生徒G　もう２回、話し合いをしたじゃないですか。多数決で決定したのですから、民主的な決定をしたということではないですか？　もう話し合いをしなくていいですよ。

（「そうだ、そうだ」の声が起こる）

生徒B　私は合唱に決まってよかったのですが、すぐに何でもかんでも多数決で決めればいいというわけではないとも思います。前回のように簡単に採決して決定したのはおかしいと思います。もう少し話し合ってから決定したほうがいいので、もう一度話し合いをしたほうがいいと思います。

生徒E　僕も、もう一度話し合ったほうがいいと思います。賛成者が過半数になっていなかったのだから、話し合ったほうがいいです。

（「そうだ」の声が起こる）

司会　それでは、文化祭の出し物の準備開始までまだ時間がありますので、もう一度話し合いをするということでいいですか？

生徒G　２回も話し合いをしたのだから、もういいじゃないですか。

生徒D　合唱で決まってよかったので、もう話し合いをする必要はないと思います。

生徒B　票数が微妙なので、もう一度話し合ったほうがいいと思います。

司会　もう一度話し合うことについて反対者もいますが、賛成／反対の人数が微妙でしたので、もう一度、わがクラスの文化祭の出し物について話し合いたいと思います。前回は、合唱をするということに決定しましたが、これについて意見のある人はいますか？

生徒Ｃ　僕は、前回決定した合唱がいいと思います。昨年２年３組で行った合唱でみんなが協力してできたので、今年もクラスで合唱をするのがいいと考えます。ＫさんやＬさん（不登校傾向の生徒）も合唱なら参加することができると思うので、合唱にしましょう。合唱なら１人でパート練習ができるので大丈夫だと思います。

生徒Ｆ　ＫさんやＬさんのことは、この際、置いといてもいいと思います。

司会　ＫさんやＬさんもクラスのメンバーですから、きちんと考えて話し合いをしたいと思います。ほかに意見のある人はいませんか。

生徒Ｅ　僕は演劇がいいです。ずっと主役をやりたいと思っていました。去年のように合唱をやって、合唱が好きな人たちと合唱が苦手な人たちが対立するのはイヤです。

生徒Ａ　前にも言ったように、昨年の文化祭では展示の出品をみんなで協力して行い、１年生や上級生、保護者からも好評を得ることができました。ですから、わがクラスでも展示の出品をするほうがよいと思います。Ｅさんも言っているように、合唱は練習が大変なのでやめるべきです。

生徒Ｂ　練習は、パートリーダーを中心に話し合って取り組めばいいと思います。

生徒Ｆ　昨年の演劇の『よだかの星』で、僕は大道具を担当し、そのラストシーンの大道具作りに苦労しましたが、演劇が成功し、とても充実感がありました。今年も大道具を担当しようと思うので、演劇をやりましょう！

生徒Ｉ　３年生なのですから、ぜひ、うちのクラスのハーモニーを下級生に紹介するのがいいと思います。運動会でも応援合戦で成功したので、合唱にしましょう。

生徒Ｍ　今年は科学部の先生が異動したので、科学部の発表ができません。なので、科学の実験の発表を行って、来客者に科学の楽しさをわかってもらう展示をしてはどうでしょうか。

生徒J やることが少ない展示がいいと思います。みんなで協力すると言っても、結局、文化祭実行委委員を中心に大変な思いをするだけだから。

生徒N 私は演劇がいいと思います。演劇をみんなで協力して作り上げて、中学校最後の文化祭を成功させましょう。

生徒E やはり演劇がいいです。みんなで協力してやろうよ。演劇にしようよ。

生徒B 確かに演劇や展示もいいですが、合唱は全員が参加しなければきれいな合唱になりません。ＫさんやＬさんにも加わってもらい、クラス全員で文化祭に参加しましょうよ。そして、中学校のいい思い出を作りましょう。

生徒D Ｂさんの言うように、パートリーダーを中心にパート練習をすれば、音をとれていない人もとれるようになります。音をとれるとうれしくなって歌えるようになってきます。クラスのメンバー全員で取り組んでみませんか。

生徒A 展示がいいと思っていたけど、みんなの意見を聞いていると合唱も悪くないなと考えが変わってきました。去年のクラスでは、合唱は全員で集まって練習するのが大変だという話になったけど、ＢさんやＤさんの言うような取組みをすればよかったんだと思いました。なので、今年は合唱でいいです。

生徒F 演劇のほうが一人ひとりの役割がはっきりしていていいと思っていたけど、パート練習をきちんとする等の取組みをするなら、合唱もいいかなとも考えます。

生徒G ね、やっぱり合唱がいいでしょ。合唱で決まり。

生徒M 科学の発表をしたいですが、クラス全員でということになるとやはり合唱かなあ。Kさんも合唱なら参加するだろうし。

司会　では、ほかに意見はありませんか。ないようでしたら、採決に入りたいと思います。演劇、合唱、展示の中からどれがいいか、1人1回、手を挙げてください。

最終的に、合唱が賛成多数で過半数を超え、合唱に決定しました。生徒たちの中からは、「結局、合唱だったね」「2回目の話し合いは必要なかったじゃん」といった声があがってはいましたが、この顛末を聞いた弁護士は、以下のようにZ先生に話をしました。

弁護士　確かに、もう一度話し合いを行っても、2回目と同じ合唱になりました。その意味では結論は変わりませんでした。しかし、3回目の話し合いは必要なかったのでしょうか。そうではないと思います。一人ひとりの意見を尊重し、話し合いを尽くすということが大切なのです。結論が最初と同じだったといっても、議論を尽くすプロセス自体が大切なのではないですか。

後日、クラスでこのような会話が聞かれました。

生徒G　やっぱりちゃんと話し合ったほうがいいな。Aさんがああいう意見を言うとは思わなかったもんな。

生徒M　展示がいいと思っていたけど、BさんやDさんが言うことには説得力があったよね。

生徒F　うん、合唱もけっこう面白いかもと思えたから、よかったよ。

［解説］民主主義

私たちは、それぞれ個性をもっていて、それぞれ価値観も違います。そのような私たちが集まって社会を作っています。そのような異なる人々が集まる集団について、何かを決めるとき、どのように決めたらよいでしょうか。

1 民主的な決め方

かつては、集団のことについて１人のリーダーが決めていたこともありました。この場合、リーダーが集団にいる一人ひとりのことをよく考えて集団の方針を決めてくれるのであれば、あまり問題はないかもしれません。しかし、これまでの歴史を振り返ると、集団のみんなのことをしっかり考えてくれていた立派なリーダーもいましたが、そうでないリーダーも珍しくないことがわかります。また、それまで立派だったリーダーが暴走してしまうこともありました。

このような歴史的な経緯を踏まえて、集団に関することは集団のみんなで決める、自分たちで決めるほうが１人に決めさせるより集団のみんなのためになる、と考えられるようになりました。民主主義といわれる考え方です。

集団に所属する人たちは、自分たちがどうしたいか、どうすれば自分たちの利益になるのか、よく知っているはずです。集団のみんなで決めれば、決めるために必要な情報が多く集まり、間違った判断をしにくくなるでしょう。また、集団の中の少数派の人たちの意見も取り入れることができ、決まった結論にみんなが納得しやすくなります。

2　理想は全会一致

民主的な方法が重要なことは、みなさん知っていたと思います。集団のみんなのことはみんなで決めるという考え方からは、まずは話し合いによって全員一致をめざすのが本来の姿ではないでしょうか。

しかし、すべてのことに全員一致を求めていたら、なかなか先に進めません。メンバーが２～３人ならともかく、多くのメンバーを抱える集団では、なかなか調整がつかず、よほど当たり前のこと以外は決められなくなりそうです。それどころか、たった１人でも反対する人がいればものごとを決定することができないのですから、これは困ったことになりそうです。

また、集団に属するみんなにとって一番良いように決める、といっても、今あることをすべて知ったり、未来を予知したりすることができない人間には、それは、はっきりとはわかりません。

そこで、十分な話し合いを行っても合意が得られない場合は、最終的に多数決で決める手法が用いられています。現在の国会や地方の議会、選挙など多くの制度も、この多数決の考え方を用いています。

3　本事例について

事例では、クラスで文化祭の出し物についての話し合いが行われ、拙速と思われる多数決が２回行われています。このようなクラスの話し合いはよく見られるのではないでしょうか。１度目の話し合いでは、ほとんど何も意見を聞かないまま多数決が行われています。

小学校や中学校のクラスではあまり意識しないかもしれませんが、多数決をすればなんでも民主的なわけではありません。判断をするために必要な情報をなるべく集め、少数派の人たちの意見をできるだけ考慮するため、集団内のどんな人にも発言の機会が確保されるべきです。また、議論をしっかりすることは、意見が変わらなくても、多数決で決まった他人の意見を尊重できるようにするためにも必要だと考えられます。

２回目のグループごとに話し合いをして、すぐに多数決というのも同様です。各グループの結論だけ発表したのでは、なぜその判断をするのかの理由が集団全体に示されておらず、最終判断する集団全体に情報や少数の人たちの意見が行き渡っているとはいえません。

なお、賛成派が半数に満たないことを問題とする生徒の発言もありましたが、どうしても決めなければならないなら、賛成が半数に満たないこと自体はやむをえないでしょう。

また民主的に話し合って決めることには、実は消極的な意義もあります。現在のこと、将来のことを人間は全部は把握できないので、判断することによって失敗することもあるのです。出し物があまりうまくいかなかったとき、「みんなで十分話し合ったうえでやったのだから、仕方がないよね」と納得できるということです。そうすると、先々うまくいかなかったときのことも考えると（?）、できるだけたくさんの支持を得た出し物に取り組みたいところです。

さて、この話し合いですが、クラスみんなで行う出し物ですから、みんなで話し合って決めるのがよいと考えられます。しかし、合唱がよいか演劇がよいかというのは、クラスに演劇部の生徒が何人もいるとかピアノが猛烈に上手な生徒がいるとかの事情でもない限り、好みの問題だと思われます。そうなると、どちらを選ぶか理由をつけて話し合っても、説得的な議論というのはなかなか難しいのかもしれません。

たとえば、文化祭では、各クラスの出し物に生徒・来場者が投票し優勝を決めるというようなイベントがあり、これにぜひ勝ちたいという目標があれば、その目標達成のためにどのような手段をとるのが最もよいかは、理由をつけて議論しやすいかもしれませんね。

4　まとめ

学校で起こるすべての出来事について生徒が自主的に話し合って決めるというのは、理想的ではありますが、現状ではなかなか難しそうです。

たとえば、もし「制服廃止！」などと生徒が決めても、実際には実現できないのであれば、民主的な議論をしても、結局何も変えられないのだという無力感だけを生徒が学習することになるでしょう。

一方で、このような事態を恐れるあまり、生徒の利害にあまり関係ない事項、たとえば、月間目標だとかスローガンばかり議論させるのも問題があるように思います。どのようなスローガンができても、特段誰も得も損もしないのですから、熱心に生徒が議論するはずがありません。候補をひねり出したら、すぐ多数決をする（多数決で負けても特段くやしくもない）という悪い癖がつきかねません。

なかなか難しいことだと思いますが、生徒たちに議論をさせる際には、その対象を教員が適切に判断する必要があると思います。

最後に、一ついえることは、民主的でない学校、クラスでは、児童・生徒に民主主義が身につくはずがないということです。

3 「いじめ」はあったかなかったか

中学１年生のＡさんは、友達から仲間ハズレにされて学校に行き渋っています。学校に行っても誰も話をしてくれないし、休み時間には一人ぼっちです。でも、これまでずっと我慢してきたし、授業はちゃんとやってきました。担任の先生に声をかけられても、「大丈夫！」と答えてきました。

ところがある日、どうしても学校に行くことができなくなってしまいました。自分では「行かなくちゃ」と思うのですが、身体がいうことをききません。Ａさんの様子がおかしいことに気づいた母親は、無理に登校させることはせず、２日間は「風邪」ということで学校を休みました。

担任の反応

３日目になっても起きることもできない状態のＡさんに、母親は「学校で、何か嫌なことがあるの？」と聞きました。Ａさんは、それでやっとこれまでのことを話すことができました。母親は、すぐに担任に電話をしました。

母　担任の○○先生をお願いします。
担任　お電話代わりました。
母　Ａが学校に行きたくないと言っています。ご相談したいことあるのですが。
担任　どんな内容ですか？
母　できればお会いしてお話したいのですが。先生のご都合はいかがでしょうか？
担任　今日ですか？　会議なんですよねぇ。
母　明日以降はいかがでしょうか？
担任　そうですね。予定を確認しますので、少しお待ちくださいね。……明後日の４時以降なら、少しだけ時間とれますけど。
母　では、明後日の４時にお伺いします。お忙しいところ申し訳ありません。
担任　じゃあ、今日、明日はお休みですね。
母　まだわかりませんけれども、そうなるとは思います。
担任　わかりました。

どうして、担任は今日会ってくれないのだろう。この話は、学年主任、生活指導、教頭等には伝わるのだろうか……。母親は、よけいに心配になりました。

担任との面談

２日後の４時、母親は少し前に学校につき、担任を待ちました。

担任　遅くなってすみません、採点やら何やらで……。近頃元気がなかったから、声がけはしていたんですけどね。Ａさんは、お家で何か言ってますか？

母　Ａが言うには、お友達のＢさんにいじめを受けていると。学校ではいかがでしょうか？

担任　えっ？　Ｂさんにですか？　そんなことはないと思いますよ。Ａさんと Ｂさんは仲良しで、おとなしめのＡさんをＢさんが仲間に入れているような感じですよ。お休みし始める前の日も、仲良くしてましたから。

母　そういうふうに仲の良いお友達に見えて、本当は力関係があって、言うことを聞かないとはじかれるということがあるんじゃないでしょうか？

担任　いや、そういうこともありますけど、Ｂさんはクラスのリーダーだし、とてもよく気を遣ってくれる子なんですよ。ですから、Ａさんの思い過ごしか、または、ほかの原因があるんじゃないでしょうか？　たとえば家族関係とか。

母　とにかく、うちの娘はＢさんにいじめられて不登校になっていると言っているので、Ｂさんやまわりの生徒さんからも事情を聞いていただけませんか？

担任　わかりました。明日にでも聞いてみましょう。

翌日の夕方、担任から電話があり、「昨日の件について、Ｂさん本人と、周囲の３人の生徒に話を聞いたのですが、最近、Ａさんがグループから離れてしまっていてほとんど関わっていないということでした」との回答がありました。そして、「スクールカウンセラーや心療内科を紹介しますので、一度、相談をしてみてください」と言われてしまいました。

母親は、具体的に、Ａさんが受けたいじめを列挙してみました。

・ほぼ１カ月以上にわたってグループ全員に無視をされた。
・授業中、Ａが発言すると、くすくす笑う。
・一度、「なんで無視するの？」と聞いてみたが、「キモイからじゃん」と言われた。
・ほかの女子や男子にまで、悪口を広められている。
・持ち物を隠されたことが数度ある。
・偶然、筆箱が一緒だったり、靴が同じだったりすると「真似しないで」と言われた。
・登下校は、いつも一人ぼっちである。

校長との面談

母親は、担任では埒が明かず、Ａさんのメンタルが問題だということにされてしまうので、校長に直接面会を申し込みました。ところが、校長は出張や会議でなかなか会ってくれず、ようやく面談ができることになったのは不登校になって２週間以上が過ぎてからでした。

母　お忙しいところ申し訳ありません。
校長　まったくです。毎日毎日出張で、たまに学校にいるとこうした相談が多くてね。今日も３件ほど面談が入っているんですよ（笑）。
母　お時間をとらせてはいけないと思い、メモを作ってきたのですが。

（これまでの経過をまとめたメモを手渡す）

校長 こういう書面で出されてもねえ。これはAさんの一方的な言い分でしょ。担任の話によると、おたくのお子さんは、やはり検査を受けたほうがいいと思いますよ。
それと、よくあるのは、子どもが嘘をついている場合でね。おたくのお子さんが「いじめ」だと言ってBさんを訴えるとしますね。そうすると、証拠がないと名誉棄損になりますよ。今、「いじめ」とレッテルを貼られると、相手側の保護者も怒りますからねぇ。

母親は、Aさんのことを思い、悔しさと悲しさでいっぱいになりました。パート先の仕事も手につかない状態です。夫に相談すると、「学校は信用できない。行政や教育委員会に相談しよう」ということになりました。Aさんは当面登校させないことにし、母親もパートを休むことにしました。

しかし、藁にもすがる気持ちで役所の教育相談や教育委員会にも話をしてみましたが、何ら進展はなく、「学校とよく話し合って」と言われるばかりでした。

弁護士への相談

母親としては、Aさんのメンタルには何ら問題を感じないし、そんなことをわが子にはとても言えません。そこで知人に弁護士を紹介してもらい、相談することにしました。

母 （これまでの経緯を書いたメモを渡しながら）どうなんでしょう、先生。これでもいじめとは言えないんですか？

弁護士 事実であれば、これは立派ないじめですね。しかも、もう10日以上も休んでいる。いずれ重大事案になる可能性もありますね。

母 学校や教育委員会は、どうしていじめを認めてくれないのでしょうか？

弁護士 それは、直接、学校や教育委員会に聞いてみなければわからないことですが、一度、私が中に入って話をしてみましょう。お母様のメモには、いくつかの具体的な事実がありますね。おそらく、クラスでアンケートや複数の大人による聞き取りを行えば裏づけがとれると思います。子ども同士はわかっていますからね。まず、聞き取りとアンケートを実施してもらいましょう。その後のことは、その結果を見て考えましょう。

母 ありがとうございます。今晩は睡眠薬を飲まないで眠れそうです。

そして、アンケートや生徒たちへの聞き取りの結果、「いじめ」があった事実が明らかになりました。Ｂさんも自分のしたことを認めて謝ると言っており、Ｂさんの母も涙ながらに「申し訳ない」と言ってくれました。しかし母親は、Ａさんの担任や学校の対応にはどうにも納得がいきませんでした。

[解説] いじめ防止のための方策

1 「いじめ」はいけないこと

いじめがいけないことは誰でもわかっていることですが、解説にあたり、その理由を確認しておきます。

人は誰でもその人らしく生きる権利をもっており、日本国憲法は以下のように定めています。

日本国憲法

13条　すべて国民は、個人として尊重される。生命、自由及び幸福追求に対する国民の権利については、公共の福祉に反しない限り、立法その他の国政の上で、最大の尊重を必要とする。

いじめは、その人の人格を否定したり軽視するものですから、憲法13条に違反する人権侵害として許されないのです。

2 いじめ問題に対応する視点①——判断基準

(1) 学校における「いじめ」の定義

中学校2年生が自殺をしたいわゆる「大津いじめ事件」がきっかけとなり、2013年、学校におけるいじめを防ぐための「いじめ防止対策推進法」が定められました。

いじめ防止対策推進法

2条1項　この法律において「いじめ」とは、児童等に対して、当該児童等が在籍する学校に在籍している等当該児童等と一定の人的関係にある他の児童等が行う心理的又は物理的な影響を与える行為（インターネットを通じて行われるものを含む。）であって、当該行為の対象となった児童等が心身の苦痛を感じているものをいう。

この定義からわかるとおり、児童や生徒が苦痛を感じれば「いじめ」となります。この法律は、その子どもの気持ち（受け止め方）を基準に（これを主観的な基準ともいいます）いじめかどうかを判断していますので、この考え方を便宜上「主観主義」といいます。

(2) 法の一般的な考え方

たとえば、ある子どもが親切心で友人にその行為の問題点を忠告したのに、忠告された友人がそれに傷つき苦痛に感じた場合、教員はどう対応すればいいでしょうか。前述のとおり、いじめ防止対策推進法におけるいじめの定義は主観主義ですので、教員は同法に沿った対応をする必要があります。

しかしながら、このことに違和感を覚える人はいるでしょう。その違和感は決しておかしなことではなく、ある意味では当然といえるかもしれません。なぜなら、世の中で一般に物事を判断する際には一般人の受け止め方を基準（これを客観的な基準ともいいます）とするからです。この考え方を便宜上「客観主義」といいます。法律も一般的に「客観主義」を前提に定められ、また解釈されています。

たとえば、刑法236条の強盗罪は、「暴行又は脅迫を用いて他人の財物を強取したものは強盗の罪とし……」と書かれています。ここでいう「暴行・脅迫」は、社会通念上一般に被害者の反抗を抑圧するに足りる程度の暴行・脅迫と解釈されています。つまり、幼児がチャンバラごっこで使用するようなプラスチック製のおもちゃの刀を示して「金を出せ」と言って脅したとしても、そのような凶器では社会一般の人は反抗できなくなることはないので、強盗罪は成立しません。

なぜ一般には「客観主義」に基づいて判断するのかといえば、社会生活を営むうえでは、多くの人が納得する客観的な基準で判断しなければ社会全体の公平性や安定性、言い換えればみなの納得を得ることができないからです。

(3)「いじめ」の位置づけと学校の心構え

このように見てくると、いじめ防止対策推進法における「いじめ」の定義は、客観主義であるはずの法律に主観主義が入り込んでいることがわかります。違和感の根源はここにあるのです。

なぜこのようなことになっているかというと、教育は、人格の完成をめざし、子どもたちの自立や成長を育む営みだからです。子どもたちが苦痛を感じている場合には、まずはそれに寄り添いながら自立や成長を支援することが教育活動の出発点になるはずです。つまり、教育活動の本質から、いじめの定義として主観主義が採用されているといえるでしょう。したがって、子ども本人やその保護者から「苦痛を感じている」という申告を受けた場合、学校は、その訴えを受け止めて寄り添うことが大切です。いじめ防止対策推進法は、そのようなスタンスからいじめ問題に関する学校や関係者がとるべき方針を定めています。

しかしながら他方、学校は、多くの子どもたちが集団生活を営む場ですから、学級や学校全体の公平性や安定性を維持することも当然に要請されます。たとえば前述の例のように、ある子どもから「苦痛を感じている。いじめられた」という申出を受けたとしても、子ども同士の関わり方にまったく問題はなく、一般的には「いじめ」とはいえないという場合があったとします。この場合、苦痛を感じている子どもの言い分に沿って加害者とされる子どもを指導したら、加害者とされる子どもは到底納得できませんし、場合によってはクラス全体が担任や学校に対する不信感を抱くかもしれません。

ここでぜひともお伝えしたのは、「いじめられた」との訴えを受けた場合には、学校におけるいじめの定義である主観主義に基づいてその子どもに寄り添いつつ、加害者とされる子どもやその他クラスの子どもたちへの適切な対応を考えるうえで、客観主義の観点からどのように対応するかを判断するという複眼的な視点をもつことが大切だということです。複眼的な視点をもつことによって、いじめに関係するさまざまな子どもやその保護者に対し、より良い声がけや指導ができるはずです。

3　いじめ問題に対応する視点②——行動手順

(1) すべては事実認定から

いじめ問題に直面したときにどのように行動したらいいでしょうか。おそらくその答えは1つではないでしょう。しかし、複数の選択肢の中からベストな判断をするためには、判断のベースとなる事実を把握（事実認定）することがとても大切です。いじめにつながるどのような事実があったのかを具体的に把握しなければ、関係者に対する声がけや指導さらには環境整備の要否など、いじめ問題に対応する具体的な行動を適切に判断することはできないからです。

(2) 事実認定の仕方 [step 1]——多くの情報収集

事実の把握（認定）は、さまざまな情報を総合的に検討して行います。たとえば、「ＢがＡから要求されて金銭を渡していた」という事実があったか、なかったかの認定は、

①　ＡやＢの説明

②　クラスメイトＣの目撃証言

③　Ａの金遣いが荒くなったとの事実（複数の生徒の証言をもとに）

などのさまざまな情報からその有無を客観的に（つまり一般的にはどう考えるかを基準に）判断していくことになります。

となれば、事実認定を行うために必要なことは、第１に、情報を集めるということです。情報は多ければ多いほど事実認定の精度が高まりますので、できる限り多様な情報の収集に努めてください。写真や画像などは証拠として確保しておくべきでしょう。この点、スクールカウンセラーが守秘義務を理由に情報提供に消極的になることがあるようですが、適切とはいえません。多くの情報を共有するためにも、いじめ問題にはチームで対応することが大切です。いじめ防止対策推進法も、〝チーム学校〟での対応を定めています。

いじめ防止対策推進法

８条　学校及び学校の教職員は、基本理念にのっとり、当該学校に在籍する児童等の保護者、地域住民、児童相談所その他の関係者との連携を図りつつ、学校全体でいじめの防止及び早期発見に取り組むとともに、当該学校に在籍する児童等がいじめを受けていると思われるときは、適切かつ迅速にこれに対処する責務を有する。

ただし学校では、情報収集作業が子どもたちに与える影響を考慮しながら進めることになるでしょう。そのうえで、集めた情報の信用性を客観的に（つまり一般的にはこう考えるだろうという観点を基準に）吟味します。たとえば、前ページの①の情報については、ＡやＢの置かれた立場を考慮することになります。人は誰でもが自己弁護する傾向にありますので、このことはＡの説明の信用性を検討するうえで考慮することになるでしょう。また、②の情報については、Ｃが立っていた場所からＡとＢのやりとりが本当に見えたのか、明るさやＣの視力から見える状況にあったのか、クラスメイトの証言はどの程度具体性があるのかなど、さまざまな観点から検討することになるでしょう。したがって、教員が関係者から聞き取りをする場合には、できるだけ具体的に聞き取ることが重要になります。

聞き取りをするうえで気をつけたほうがいいと思われることを２点述べておきます。１つ目として、正しい情報を集めるためには、誘導的な聞き取りなど事実が曲がりやすい情報収集にならないよう注意することです。

２つ目として、教育現場である学校は人を信じることから出発します（教育機関としては当然です）が、事実認定をする場合には、心の中では「本当だろうか？」と疑問を挟みながら聞くことが事実により近づく可能性が高くなります。

最後に、前述の③の事実の取扱いについて補足すると、この場合は、いろいろな情報から「Ａの金遣いが荒くなった」という事実を認定して、荒くなった金遣いの原資として「ＢがＡから要求されて金銭を渡していた」という事実を推し量って認定するという構造になっています。

⑶ 事実認定の仕方 [step 2]——中立公正な判断

事実認定を行ううえで大切なこととして、第２に、情報から事実関係を判断する際には、中立・公正な立場で判断するということです。予断や偏見をもつと、判断が曲がってしまうからです。

⑷ 手続の重要性

このように物事を判断する際には、多くの情報を集め、それを中立・公正に判断するというプロセスが大切です。このプロセスを踏むことを、法の世界では「手続的正義」と呼びます。

手続的正義は、より正しい判断に近づくためと、下した判断についてみなが納得できるための２つの側面から重要です。

⑸ 事実認定と「いじめ」の評価の関係

以上の、事実の認定といじめの関係を図式化すると、次ページのとおりとなります。

学校におけるいじめの定義が主観主義に基づくことは、いじめ問題に対応する視点①で述べたとおりです。しかしながら、いじめの加害者とされる子どもや学級全体への対応にあたっては、主観主義で定義づけられるい

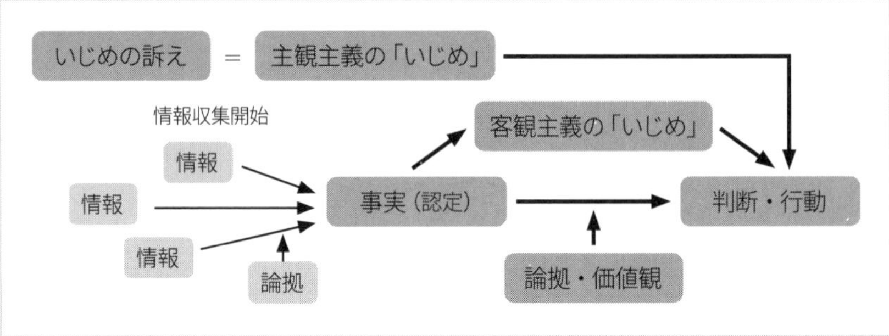

じめを、客観主義に基づく観点も合わせた複眼的な視点が必要であることもすでに述べたとおりです。そして、いじめ問題に対応する視点②で見てきた、事実認定は、客観主義に基づく「いじめ」の評価をするための前提となる作業です。

ここで一つ補足しますと、事実認定は、その事実が「あったか」「なかったか」の事実の問題であるのに対し、客観主義に基づく「いじめ」の認定は、さまざまな事実からそれらが「いじめといえるか」という評価の問題だということを理解しておくと頭の整理になるでしょう。たとえば、

① ＡがＢに対し金銭を要求していた

② ＡがＢにいつも一方的にプロレス技をかけていた

③ Ｂは最近元気がない、不登校気味である

などのさまざまな事実から、ＡのＢに対する行為や関わり方が客観主義にいう「いじめ」といえるかを評価する作業なのです。

ちなみに、子どもが成長する過程で見られる集団や他者との接触・トラブルは、次のように類型化できるとされています。目の前にある問題が、どの類型であるのかを意識するもの行動（対応方針）を決めるうえで参考になるでしょう。

ア｜社会化のプロセス類型

子ども同士の単なるけんかなど、子どもが成長する過程で見られる集団や他者との日常的な接触や衝突はこの類型。この類型での接触は、児童・

生徒が他者との関係性、社会性を育むプロセスとして肯定的に捉えられるべきです。

イ｜教育課題としてのいじめの類型

社会化のプロセスを超えた教育上看過できない接触や衝突。たとえば、一見、単なる子ども同士のけんかに見える場合であっても、背景にある事情からすると児童・生徒が被害者性を感じる場合はこの類型となります。

ウ｜法的の問題としてのいじめの類型

子どもの法的な権利・利益が侵害されるレベルの接触や衝突。たとえば、暴行や傷害、金銭のカツアゲなどはこの類型であり、民事上の損害賠償請求の問題はもとより、場合によっては刑事事件として学校が警察との連携を検討する必要がある類型です。

4　いじめ防止対策推進法の定め

このようないじめ問題に対応する視点をもとに、以下では、いじめ防止対策推進法の定めを確認します。

(1) いじめの通報等があった場合の対応

いじめ防止対策推進法は、いじめの定義、関係者の責務、いじめ防止のための基本方針や施策、いじめが発生した場合にとるべき措置等、いじめ問題の全般を定めています。このうち、いじめの通報等があった場合の対応は次のようになっています。

いじめ防止対策推進法

23条2項　学校は、前項の規定による通報（＝いじめの事実があると思われる通報）を受けたときその他当該学校に在籍する児童等がいじめを受けていると思われるときは、速やかに、当該児童等に係るいじめの事実の有無の確認を行うための措置を講ずるとともに、その結果を当該学校の設置者に報告するものとする。

このように、法律は「いじめの事実の有無の確認を行うための措置を講ずる」と定めているだけです。この「確認を行うための措置」は、具体的には子どもたちからのヒアリングやアンケートが主な調査方法になると思われます。子どもたちに与える影響に配慮しつつ、できる限り先ほど検討したような手続的正義を実現する姿勢を心がけていただければと思います。

⑵ いじめが確認された場合の対応策

いじめが確認された場合については、23条の3項から6項が定めています。条文の引用は省きますが、それらの規定の概要は次の図のとおりです。なお、いうまでもありませんが、すべての子どもたちの学習権を確保する視点は、どのような事態となったとしても頭に置いていただければと思います。

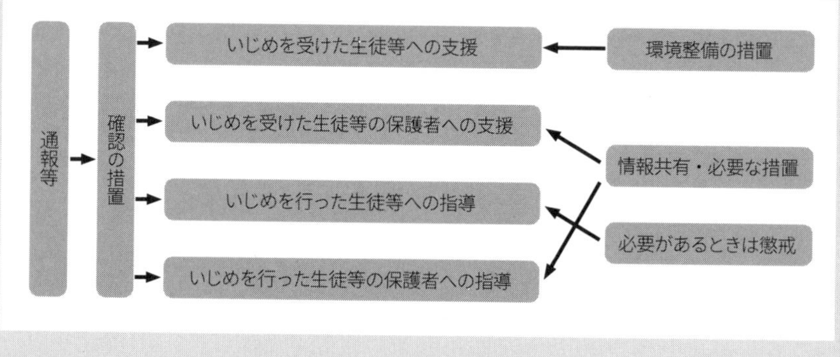

⑶ 重大事態

さらに28条1項は、同項1号または2号の事情がある場合には、「重大事態」として事実関係を明確にする調査を義務づけています。

なお、2号の「相当の期間」は、「年間30日を目安とする」とされています（平成25〔2013〕年10月11日文部科学大臣決定『いじめの防止等のための基本的な方針』平成29〔2017〕年9月14日改訂）。

いじめ防止対策推進法

28条1項　学校の設置者又はその設置する学校は、次に掲げる場合には、その事態（以下「重大事態」という。）に対処し、及び当該重大事態と同種の事態の発生の防止に資するため、速やかに、当該学校の設置者又はその設置する学校の下に組織を設け、質問票の使用その他の適切な方法により当該重大事態に係る事実関係を明確にするための調査を行うものとする。

⑴いじめにより当該学校に在籍する児童等の生命、心身又は財産に重大な被害が生じた疑いがあると認めるとき。

⑵いじめにより当該学校に在籍する児童等が相当の期間学校を欠席することを余儀なくされている疑いがあると認めるとき。

5　本事例について

⑴ 担任の言動

いじめ防止対策推進法23条2項は、いじめの事実があると思われる通報を受けたときは「速やかに」確認の措置をとるとしています。事例では、母親と会ったのは電話の翌日ですが、母親からの電話ではいじめの相談であることを知ることはできませんので、翌日に会ったことは、少なくとも同法との関係では問題ありません。

次に、面談時に「いじめはありません」と言い切っていることは、かなり問題があります。第1に、学校におけるいじめの判断基準は主観主義ですので、Aさんが「Bさんにいじめを受けている」と言っているのであれば、いじめがある前提で対応すべきだからです。また第2に、客観的にいじめがあったかを判断するための情報はまだ十分に収集できていないので、面談時点で担任が持っている情報だけで「いじめがない」と判断することは適切ではないですし、母親の納得は当然に得られないでしょう。第3に、「Bさんはクラスのリーダーだし、よく気を遣ってくれる子」という発言から、Bさんに対して好意的な印象が窺われ、判断するうえでの中立公平性についても疑問が生じるところです。

その後の3人の生徒へのヒアリングから、Aさんがグループから離れてほとんど関わっていないという事実が明らかになりました。そうであるなら、グループから離れた原因としていじめの可能性が考えられますから(前述の2(2)で解説した事実から事実を推し量る構造です)、そのことに思いが至らないことは問題といえましょう。

(2) 校長の言動

母親からの面談希望になかなか応じなかったのは問題です。担任から母親とのやりとりの情報が上がっていなかったのであれば組織体制に問題があります。仮に情報が上がっていなかったとしても、Aさんが欠席を続けていることは校長としても把握しなければいけない事実であり、そのような中でのAさんの母親からの面談希望であるならば可及的速やかに面談に臨むべきだったといえましょう。

面談時のやりとりにおいて提出された書面は、事実の調査を進める際のポイントを示唆するものでありきわめて重要な情報です。この書面に消極的な態度であることから、多くの情報を入手して事実認定しようという姿勢が欠けていることが見て取れます。次に、「Aさんの一方的な言い分でしょ」との発言はそのとおりですが、その言い分が正しいかどうかを調査して判断するのが事実認定であり、言い分は言い分としてしっかり聞き取ることが重要です。またこの発言からは、中立・公正に判断しようとの姿勢が見られません。

そもそもの大前提として、学校におけるいじめの判断基準が主観主義であるという法の理解が不十分であるといわざるをえません。

(3) 教育委員会の対応

解説では指摘しませんでしたが、教育委員会も学校におけるいじめ防止等のために必要な措置を講ずる責務を負い（いじめ防止対策推進法７条）、当該学校に在籍する児童・生徒およびその保護者がいじめに係る相談を行うことができる体制を整備する責任を負っています（同法16条３項）。したがって、「学校とよく話し合って」というだけの対応は、その責任を果たしていないといえるでしょう。

そもそも、子どもの教育に関わる機関である以上、法律の定めの有無にかかわらず、子どもに寄り添うという姿勢は当然に問われるものと思われます。

4　宗教行事と多文化共生

ある中学校のこのクラスでは、ホームルームで、冬休み前の学活の時間をレクリエーションにしたいという意見が出されました。そこで、何をやるかを話し合うことになりました。

クリスマス会はやっちゃダメ？

生徒A　12月25日の冬休み前の学活は、レクリエーションをやりたいです！　先生、自分たちで準備をするから、25日の学活はレクにしてもらえませんか？

担任　いいですよ。自分たちでレクの企画や準備もしようと思うなんて、とてもいいことだと思います。

生徒A　やったあ！　それじゃあ、12月25日だからクリスマス会ってことでお願いします！　学級委員が中心となって準備するから、先生も楽しんでくださいね！

担任　あっ！　ちょっと待って……。

生徒A　何ですか？　「1年間を振り返って」という作文を書こう、なんて言い出さないでくださいよ。

担任　そうじゃないんだけど、みんながレクを企画してクラスの仲を深めたいという要望があることには大賛成だよ。ただ……。

生徒A　ただ……？　何かまずいことでもありますか？

担任　レクの名前を「クリスマス会」という名前ではなくて、「お楽しみ会」とか別の名前にしてはくれないかな？

生徒A　なんで「クリスマス会」ではダメなんですか？　12月25日にレクをするのであれば、「クリスマス会」という名前がぴったりだし、レクの内容やクラスの飾り付けもクリスマスっぽいものにしようと思っていたのに。

担任　公立学校では、特定の宗教の信仰を勧めるような教育を行ってはいけないことになっているんだよね。クリスマスはイエスの誕生をお祝いするキリスト教の宗教行事だから、公立中学校の学活でクリスマス会はできないと思うんだよね。担任としては、みんなから学活でレクの企画があったことはうれしいんだけど、レクの名前が「クリスマス会」ということについては、許可できないと考えたんだ。

生徒A　わかりました。名前は「クリスマス会」以外で、別のものをみんなで考えてみようと思います。

そもそも日本のクリスマスって宗教行事なの？

生徒B　でも、私たちが言うクリスマス会って、宗教っていう感じがそんなに強くするものなのかな？

担任　えっ？　どういうこと？

生徒B　確かに、クリスチャンにとってはクリスマスは重要な宗教行事だろうけど、そうでない人にとっては、日本のクリスマスは恋人とデートをしたり、家族や友人にプレゼントを贈ったり、スーパーではチキンやケーキが売られたりする、どちらかというと年末のイベントっていう感じがする。先生がそこまで「クリスマス会」っていう名前に過敏になる必要があるのかなあ？

生徒A　そうだよ。うちの家もクリスチャンではないけど、クリスマスイブの日にはみんなでチキンとケーキを食べているよ。アメリカの映画みたいに食卓でお祈りはしてないけどね。

担任　うーん……。確かに日本のクリスマスは、宗教行事っていうよりは年末商戦のイベントっていう性格のほうが強い感じがするなぁ。クリスチャンの方を除いて、礼拝に行ったことはないけど、クリスマスという理由でプレゼントをもらったりご馳走を食べたことがある人は大勢いるだろう。もはや宗教行事という要素がないのであれば、公立学校の学活でクリスマス会をやってもさほど問題ではないのかなぁ……？

宗教行事がダメな理由

生徒C　私の弟が通っている幼稚園では、12月にクリスマス礼拝があったよ。幼稚園であればクリスマス会はOKなんですか？

担任　幼稚園だからOKというわけじゃなくて、公立か私立かというところが大事なんだよね。弟さんの通っている幼稚園は私立の幼稚園で、キリスト教の教会などが運営しているんじゃないかな？

生徒C　そうそう、園長先生は教会の人だったし、すぐ隣に教会もあったよね。

生徒B　先生、なんで公立か私立かの違いが大事になってくるんですか？

担任　日本では戦後に、国公立の学校で特定の宗教の信仰を勧めることを禁止する決まりができたんだ。だから、宗教に関する教育や行事については、私立学校ではOKであることも、公立学校では認められないということがたくさんあるんだよ。

生徒B　戦後って、第２次世界戦後っていうことですよね？　なんで戦後にそういう決まりができたんですか？

担任　Ｂさんの質問は、いつも鋭くていいところ突くね！　実は明治時代の日本政府は、天皇家が信仰していた神道を国家神道として再編成したんだよね。のちに、その国家神道を学校でも推し進めるなどして日本が軍国主義に進んでしまったのではないか、という反省が終戦後にあったんだ。そういったことから、少なくとも公立学校では特定の宗教を教えるようなことは禁止しましょうという決まりを作ったんだよ。

日本の祭りは宗教行事？

生徒B　なるほど。公立学校では特定の宗教が禁止されている理由がなんとなくつかめました……。ところで先生！　今、ふと思ったのですが、夏祭りや秋祭りについてはどうですか？

担任　えっ、夏祭りや秋祭り？　どうですかって？

生徒B　うちの学校では、生徒にボランティアを募集して、地域の夏祭りや秋祭りへの参加を促していますよね。クリスマス会がキリスト教の行事として学活でダメだとしたら、日本の祭りは大丈夫なんですか？

担任　確かに、うちの学校では、お祭りのボランティアを募集して、生徒が神輿を担いだり、盆踊りに参加したり、休日や放課後に学校で練習した太鼓を祭りのときに披露したりしているね。

生徒A　神輿って、漢字に「神」って字があった気がする！　夏の盆踊りもご先祖様の供養の意味があるってどこかで習った気がするよ。

担任　そのとおりだね。夏祭りや秋祭りは、ご先祖様の供養や五穀豊穣を願うところが起源だよね。

生徒B　そうすると、こっちのほうが、よほど宗教って感じが強くないですか？

担任　うーん……、そうかもしれない。神社に奉納する神輿を担ぐのとかは、まさに宗教行事といえるかもしれない。みんなからの素朴な疑問は、鋭い質問でいろいろと考えさせられるなぁ。今度専門家の先生にみんなの疑問を聞いてみるよ（日本で生まれ育った教員からすると、明治維新以降に生まれたり入ってきたりした宗教については過敏になるものの、それ以前より日本で信仰されている宗教については寛容になっているのではないか。すべての宗教について同じような姿勢をとる必要があるのではないかなぁ）。

ムスリムの生徒は学校でお祈りできない？

生徒C　先生は前に授業で、ムスリムの人々は日常生活と宗教が密接に関わっているって話をしてましたよね。もしムスリムの生徒が学校でお祈りをしたいって言ったら、やっぱり公立学校という理由で禁止になるのですか？

担任　公立学校では、特定の宗教を信仰するような宗教教育を行ってはいけないんだけど、宗教そのものを否定しているわけではないんだよ。だから、もしムスリムの生徒がお祈りの時間や場所などを希望したら、学校として最大限の配慮が必要になると思う。

生徒C　そうなんだ。でもみんながいる教室で、１人でメッカの方角にお祈りをするのかな？

担任　そういうわけにもいかないだろうから、実際にムスリムの生徒が在籍する学校では、必要に応じてお祈りの場所が用意されたりしているね。ムスリムの生徒たちはそこでお祈りをしているみたいだよ。

生徒C　生徒が信仰する宗教は尊重されるんですね。相手の文化を尊重するというのは、こういうことなのかな。

生徒D　私の国では、学校では休み時間にお菓子を食べるのはOKでしたよ。これは文化として尊重されますか？

生徒A　えーっ！　いいな。学校でお菓子OKなの？

生徒D　OKだよ。だって学校に売店があって、お菓子を売ってるからみんな買ってるし、先生も子どもと一緒に食べてたよ。

生徒B　それはいい！　うちの学校もそうしましょうよ。先生は、多文化共生が大事って言ってたじゃないですか。Dさんの国の学校文化を受け入れるのも多文化共生ですよ！

担任　いい指摘だね！　確かに多文化共生が大事だって言ってたけれど、いったいどこまで文化として尊重されるべきなのか、いったいどこまで学校の方針や規則として制限されるのか、線を引くのが難しいところなんだよ。宗教や信仰心は最大限尊重されるべきだと思うんだけど、休み時間にお菓子を食べることにはちょっとOKはできないなぁ。個人の尊厳に関わるところかどうかが重要なポイントになると思うんだよね。

結論は……？

クラスでの話し合いのあと、先生はスクールロイヤーの弁護士のもとに意見を聞きに行きました。

担任 公立学校で、学校行事として行うレクリエーションの名前を「クリスマス会」にすることには、問題はないのでしょうか？

弁護士 公立学校では、特定の宗教の信仰を勧めるような教育を行ってはいけないとされていますね。これは、憲法において、国民の信教の自由や政教分離原則が定められていることを受けたものです。

担任 生徒の信教の自由を侵害するようなことになっては問題です。やはり、公立学校がクリスマス会を行ってはいけないのですね。

弁護士 確かに、クリスマスはもともとイエスの誕生を祝うお祭りです。ただ、現在の日本では、学校でクリスマス会が行われるような場合、プレゼント交換などのイベントを行うパーティーという側面が強く、イエスの誕生を祝うという意味合いはほとんどないのではないでしょうか。

担任 それはそうかもしれません。

弁護士 そうすると、学校でクリスマス会を行うことによって、キリスト教の信仰を勧める結果をもたらすことは、ほとんどないのではないかという気がします。

担任 なるほど……。確かにそうかもしれませんね。では、政教分離原則には反しないのでしょうか？

弁護士 公立学校が禁止される「宗教的行為」とは、行為の目的が宗教的意義をもち、その効果が宗教に対する援助、助長、促進または圧迫、干渉等になるような行為をいうとされています。クリスマス会がこうした目的や効果をもつとは考えにくいですので、政教分離原則にも反しないと思われます。

担任　ただ、実際にクリスマス会が行われた場合に、信教の自由が侵害されていると感じる生徒もいる可能性もゼロではないのではありませんか？

弁護士　そう感じる生徒がいる可能性は否定できません。

担任　その可能性があるのであれば、やはりクリスマス会は最初からやらないほうがいいのではないですか？

弁護士　クリスマス会に限っての話でいえば、それをやめてしまえば終わりかもしれません。ただ、これはクリスマス会に限った話ではありません。クリスマスはもともとキリスト教のお祭りですが、学校では、地域のお祭りにボランティアで参加したりすることがあるということでしたね。

担任　はい。地域のお祭りのボランティアを生徒から募集して、神輿を担いだり、盆踊りに参加したりしています。

弁護士　そうしたお祭りも、もともとは日本の仏教や神道等の宗教が起源であることが少なくありません。豊作や無病息災を祈る儀式がお祭りとして現代に残っているのであれば、それらに生徒をボランティアとして派遣することも信仰の自由を侵害することになるのではないでしょうか。

担任　確かに、地域のお祭りにも、起源が宗教であれば参加してはいけないということになるかもしれませんね。そうすると、学校は少しでも宗教に関係する可能性のあるものは、一切関わってはいけないということになるのでしょうか？

弁護士　そうした判断もありうると思います。ただ、そうした要素をすべて排除しなければならないとなると、学校では何もイベントができないということにもなりかねません。個人的には、宗教上の理由でこのイベントをやりたくないという声が生徒や保護者からあがらなければ、生徒の自主性に任せてもいいのではないかと思います。

担任 しかし、実際には信仰の観点からイベントに反対であっても、そのことを言い出せないケースもあるのではないでしょうか。その場合、意に反してイベントに参加させられたことが、信教の自由を侵害することにはならないのでしょうか？

弁護士 その生徒の信教の自由が制約されてしまう可能性はあると思います。そうした可能性をできるだけ少なくするため、学校で行うイベントを事前に生徒と保護者に告知しておくということがひとつの方法として考えられるのではないでしょうか。

担任 具体的にはどういったことをすればよいのでしょうか？

弁護士 たとえば、家庭向けの学級だよりで年間のイベント予定を告知しておいて、イベントに反対の場合は教員に連絡をしてもらうように書いておくといった方法はどうでしょうか。事前に反対意見を言うことができる機会を作っておけば、実際にイベントを行ったときに信教の自由を侵害する結果になる可能性ははるかに低くなると思います。

担任 なるほど。信教の自由の観点からイベントに参加したくないという意見が生徒から出た場合は、そのイベントを中止するべきでしょうか？

弁護士 信教の自由を侵害する可能性が現実的なものとなっている以上、その意見を無視してイベントを強行するのは避けるべきでしょうね。

担任 生徒からの申出がなければ、とくに対応は不要ということでしょうか？

弁護士 申出がなければわからない場合も多いとは思いますが、学校で行うイベントに宗教的な意義がないか、各教員が常に注意を払うべきだとは思います。お祭りの例にように、宗教的な意義を認識していないようなケースもありますので。また、ある生徒の家庭が特定の宗教を信仰していることを知っているような場合は、個別に確認をしたほうがいいような場合もあると思います。

担任　生徒がイベントに参加したくないと言った場合に、生徒に対してイベントに参加したくない理由を聞くことは、信教の自由や内心の自由を侵害することにはなりませんか？

弁護士　生徒に対し、イベントに参加したくない理由を問う程度であれば、信教の自由や内心の自由を侵害することにはならないと思われます。もちろん、生徒の信仰を詮索するようなことをやってはいけません。

担任　そうすると、最初からクリスマス会をしないという選択肢もあるけれど、クリスマス会を行う方向で予定を立てて、反対意見があった場合に開催するかどうか考えるという選択肢もありうるということなのですね。わかりました。今回は生徒たちの要望がありますから、クリスマス会を行う方向で考えたいと思います。

［解説］……信教の自由と政教分離

1 日本国憲法における信教の自由・政教分離と教育基本法15条

日本国憲法

20条　①信教の自由は、何人に対してもこれを保障する。いかなる宗教団体も、国から特権を受け、又は政治上の権力を行使してはならない。

②何人も、宗教上の行為、祝典、儀式又は行事に参加することを強制されない。

③国及びその機関は、宗教教育その他いかなる宗教的活動もしてはならない。

89条　公金その他の公の財産は、宗教上の組織若しくは団体の使用、便益若しくは維持のため、又は公の支配に属しない慈善、教育若しくは博愛の事業に対し、これを支出し、又はその利用に供してはならない。

教育基本法

15条　①宗教に関する寛容の態度、宗教に関する一般的な教養及び宗教の社会生活における地位は、教育上尊重されなければならない。

②国及び地方公共団体が設置する学校は、特定の宗教のための宗教教育その他宗教的活動をしてはならない。

(1) 信教の自由

ア｜明治憲法下における信教の自由

日本国憲法は、20条1項前段で「信教の自由は、何人に対してもこれを保障する」と、同条2項で「何人も、宗教上の行為、祝典、儀式又は行事に参加することを強制されない」と定めており、国民の信教の自由を保障しています。

明治憲法も28条で信教の自由を保障していましたが、「安寧秩序ヲ妨ケス及臣民タルノ義務ニ背カサル限ニ於テ」という制限が伴っていました。また、皇室の宗教であった神社神道に事実上の国教的地位が与えられていました（国家神道）。この点については、政府が「神社は宗教にあらず」という説明をすることで正当化されました。そのため、国家主義・軍国主義が台頭すると、公務員の神社への参拝が「臣民タルノ義務」であるとして強制されるといった事態も発生していました。

このように、明治憲法下においては、国家神道以外の宗教についての信教の自由の保障は、きわめて弱いものになっていました。

イ｜第２次世界大戦後の宗教政策

第２次世界大戦後、日本を占領した連合国軍最高司令官総司令部（ＧＨＱ）は、1945 年 12 月 15 日に、いわゆる「神道指令」を発し、従来の神社神道に対する特別扱いを廃止するよう命じました。これにより、神社神道も他の宗教と同列の扱いを受けるようになりました。

こうした動きを受けて、日本国憲法においても、信教の自由を強く保障することが規定されました。

ウ｜日本国憲法における信教の自由の内容

信教の自由は、３つの内容を含むとされています。

第１に、心の中で特定の宗教を信仰する、あるいは信仰しない自由です（信仰の自由）。

第２に、宗教的な行為を行う、あるいは行わない自由です。たとえば、宗教上の儀式を行ったり、布教活動を行ったりする自由です（宗教的行為の自由）。

第３に、宗教的な団体を結成したり、あるいはしなかったりする自由です（宗教的結社の自由）。宗教団体に加入したり、脱退したりする自由もこれに含まれます。

こうした信教の自由のうち、第１の信仰の自由は、絶対的に保障されるとされています。しかし、ある行為が誰かの信仰を妨げる目的で行われたのではなくとも、結果的に特定の信仰をもつ者あるいはもたない者にとって不利益になってしまう場合がありえます。この場合に、信仰の自由を侵害しないかが問題になることがあります。

実際に信仰の自由を侵害するのではないかということが問題になった事例としては、必修科目の保健体育に剣道実技が取り入れられていた学校で、生徒が宗教上の教義に反することを理由として剣道実技の受講を拒否したために、単位不足で原級留置処分とそれに基づく退学処分を受けたというものがあります。この事例では、学校の処分が社会観念上著しく妥当を欠く処分をしたものであるとして、違法と判示されました。

また、第２の宗教的な行為の自由や、第３の宗教的な結社の自由は、行為を伴いますので、こうした行為をすることによって他人の権利などに悪い影響を及ぼす場合があります。このような場合には、宗教的な行為の自由や宗教的な結社の自由が規制されることがあります。

宗教的な行為の自由については、僧侶が治療のために行った加持祈祷行為に暴行・傷害行為が伴っており、その結果被害者を死亡させてしまったという事例があります。この事例では、信教の自由の保障の限界を逸脱したものであるとして、傷害致死罪の成立が認められました。

第３の宗教的な結社の自由については、大量殺人を目的として計画的、組織的に毒ガスの一種であるサリンを生成した宗教法人に対し、裁判所が宗教法人の解散命令を出した事案について、裁判所の解散命令が宗教的結社の自由を侵害するのではないかと争われた事例があります。この事例では、裁判所の解散命令は必要でやむをえない法的規制であり、憲法 20 条１項には違反しないと判示されました。

いずれにせよ、信教の自由は憲法で保障された重要な権利ですから、これが侵害されることのないよう、十分に尊重する必要があります。

(2) 政教分離の原則と教育基本法

ア｜政教分離の原則

憲法では、20 条１項後段で、「いかなる宗教団体も、国から特権を受け、又は政治上の権力を行使してはならない」と、同条３項で、「国及びその機関は、宗教教育その他いかなる宗教的活動もしてはならない」と、89条で、「公金その他の公の財産は、宗教上の組織若しくは団体の使用、便益若しくは維持のため、又は公の支配に属しない慈善、教育若しくは博愛の事業に対し、これを支出し、又はその利用に供してはならない」と規定されています。

このように、憲法では、国およびその機関は、宗教教育その他いかなる宗教的活動もしてはならないとの原則が採用されています。これは、国家の宗教的中立性を確保し、先ほどの信教の自由の保障を強化するために採用されているもので、政教分離原則といわれます。

そして、国およびその機関が禁止される宗教的活動がどういったものであるかについては、宗教的な目的をもち、宗教を助長したり圧迫したりするような効果をもつものであるとされています。

イ｜教育基本法における宗教教育の扱い

憲法における政教分離原則を受けて、教育基本法においても、15条２項で、「国及び地方公共団体が設置する学校は、特定の宗教のための宗教教育その他宗教的活動をしてはならない」と規定されています。政教分離原則を受けて、国公立の学校は宗教的活動をしてはならないと定められたものです。

教育基本法で禁止される宗教教育その他宗教的活動とは、憲法の政教分離原則で禁止されるものと同じ内容であるとされています。このように、国公立の学校では宗教的活動を行うことは禁止されていますので、学校で行う行事がこうした宗教的活動にならないかどうか、注意する必要があります。

ただし、教育基本法は、15条１項で、「宗教に関する寛容の態度、宗教に関する一般的な教養及び宗教の社会生活における地位は、教育上尊重されなければならない」とも規定しており、学校から一切の宗教色をなくすことまで要求しているわけではありません。少しでも宗教に関係する可能性のある活動であれば、憲法や教育基本法で禁止されていないものまですべて排除するというのは、行き過ぎといえるでしょう。

なお、政教分離原則は、国家による宗教的活動を禁止するものですので、私立の学校が宗教的活動を行うことは認められています。

2 本事例について

(1) 信教の自由との関係

内心の信仰の自由は、絶対的に保障されるものです。しかし、内心の信仰の自由が制約されていると感じるかどうかは、個人の内心の問題であるため、第三者には気づきにくい部分があります。そのため、家庭に対して事前に学校で行う行事の予定を告知しておいて、行事に反対する機会を設けておくというのは、信教の自由との衝突を防ぐために有効な手段ではないかと思います。

事前に反対する機会を設けておいても、実際には反対なのに何も意見を述べないという可能性もないわけではありませんが、信教の自由を侵害するような事態になる可能性はかなり低くなると思いますし、きちんと手続を踏んだ教員の責任が問われる可能性もきわめて低くなると思われます。

(2) 政教分離原則との関係

憲法や教育基本法で禁止される宗教的活動は、宗教的な目的をもち、宗教を助長したり圧迫したりするような効果をもつものです。この基準に照らして、クリスマス会が政教分離原則で禁止される宗教的活動にあたるかについて考えると、少なくとも現在の日本では、通常行われるようなクリスマス会は世俗的な行事であり、宗教的な目的をもつとはいいがたいですし、クリスマス会を行うことによってキリスト教を助長する効果があるともいえないと思います。

そのため、学校でクリスマス会を行うことが、政教分離原則に違反することにはならないものと思われます。

クリスマスだけでなく、日本ではバレンタインデー、ひな祭り、七夕、ハロウィンなど、宗教に起源をもつ行事がいろいろあります。こうした行事はいずれも世俗化して、宗教的な目的をもっていないのが通常ですので、とくに宗教的な目的をもって宗教を助長したり圧迫したりする効果をもつような形で行事を行わない限り、政教分離原則には違反しないと思われます。

(3) 教員の対応について

本件のような事案では、政教分離原則違反になることは通常考えにくいですが、生徒の信仰の自由を意図せずに侵害する結果になる可能性はあります。そのため、事前に家庭に対して行事の告知をして、反対の機会を設けておくというのは、有効な手段であると思います。

ただし、それをしておけばほかには何もしなくてよいというほど単純なものではないとも思います。事例でもあったように、地域のお祭りのような世俗化しているものでも、起源は宗教上の儀式であったものも少なくありません。教員としては、そうした行事にも宗教的な意義を感じる生徒がいるのではないかと、常に注意を払っておくべきではないでしょうか。とくに、特定の宗教を信仰することがわかっている家庭の生徒に対しては、個別に確認したほうがよい場合もあると思われます。

もっとも、宗教に起源をもつ行事をすべて学校生活から排除するというのは、あまりにも極端であり、やり過ぎのように思います。生徒から自発的に提案された行事について、生徒や家庭に行事の告知をしたうえで、反対の意見が出なかったような場合にまで、学校で行事を禁止するようなことはしなくてはよいのではないかと思います。

5 センシティブな問題を抱えるマイノリティ

昨日は、この中学校で野球の公式戦がありました。このクラスでは、その話題で盛り上がっています。けれども、ある生徒のちょっとした発言から、話題は思わぬほうに向かってしまいました。

先生が気づかない

生徒A 昨日の公式戦の結果どうだった？　相手が強いから、勝てるかどうかわからないって言ってたけど。

生徒B 勝った！　勝った！　勝って県大会出場だよ。１－１で延長戦までもつれこんだんだけど、最後は、Ｄの２塁打とＥのセンターオーバーで、サヨナラ勝ちだよ！　試合終了のときにスゲー盛り上がった。DとEはマジでカッコよかった。

生徒A　そりゃあ、マジでよかったな！　おめでとう‼　野球部のみんなは「県大会に行きたい」ってずっと言ってたもんな。

生徒C　お前、男のくせにDとEがカッコいいなんて、もしかしてゲイなの⁉（笑）

生徒A　あはは‼　愛するDとEと一緒に、県大会に行けて練習にもさらに熱が入るんじゃねーの‼　愛の力で全国大会も狙えるぞ‼（笑）

生徒B　そんなんじゃねーよ！　気持ちワリィな！　オレ、ゲイじゃねーし！　アハハ‼

生徒C　ていうことは、もしかして⁉　えーっっ！　ヤバイヤバイ！　アハハ！

そこに割って入ってきたのは担任のZ先生です。

教諭Z　こらっ。そういう性のことでからかうようなこと言うんじゃない。

生徒B　そうだぞ！　こないだの金曜日にも道徳でやっただろ！　今は、多様性ってやつを認め合う時代なんだよ、タヨウセーだよタヨウセー、わかるかね？　Cくん。

生徒C　お前、やたら詳しいな。やっぱり‼　コレか⁉

教諭Z　ふざけすぎだよ。もうやめなさい。こないだの道徳でもやったけど、そういうことをからかったり、ネタにしてふざけるのは良くないことだからやめなさい。

生徒C　OKです。了解しました‼

生徒A　ところで、こないだの道徳でさ、先生が11人に1人の割合（電通ダイバーシティ・ラボ「LGBTQ+調査2020」より。諸説ある）で、LGBTだっけ？　そういう人がいるって授業してたじゃないですか？　ということは、うちのクラスにも割合的には3～4人はいるってことですよね？

教諭Z　計算上はそうなるね。

生徒A　そうするとさ、今まで先生もそういう生徒たちをたくさん教えてきたの？　オレからすると、今のうちのクラスや学年で誰がそういう人かってことはわかんないよ。でも割合だけでいうと、オレが感じている以上に結構多くいるってことになるんですよね。

教諭Z　そうだね、そのとおりだよね。

生徒C　先生、中学校の教師になって何年くらいなんスか？

教諭Z　13年かな。

生徒C　ってことは、部活やクラス、授業とかで結構たくさんの生徒を教えていることになりますよね。そういう生徒って、宿泊教室の風呂とか、プールの着替えとか、どうするんスか？

教諭Z　希望があれば着替えやお風呂など施設面での対応はいくらでもできると思うけど、教員になってからそういう相談があって対応した経験は、実はあまりないんだよね。ほかの先生はあるのかもしれないけど……。

生徒B　あれ!?　それって、おかしくないですか？　道徳のときには、割合では結構いるって話だったのに、先生はそういう相談をあまり受けたことがないって、数字が間違ってるか、先生が怖そうで相談できなかったか、どっちかしかないんじゃない？

教諭Z　……そうかもしれないな。

生徒C　お前、言い過ぎだって！　先生マジでヘコんでんじゃん！　謝っとけよ！

生徒B　あれ、先生ゴメン！　オレ言い過ぎちゃいましたか？

教諭Z　いや、全然気にしなくていいよ。みんなの言ってることが的を射ているから、ちょっと考えちゃったんだよね。確かに、そうだよなーっと思ったんだよ……。

生徒B　ほらー、オレいつもいいこと言うんだって！

学校の中で息を潜める生徒たち

生徒たちは冗談のつもりでも、Z先生の胸にはずっしりと重いものが残りました。それで職員室に入るなり、仲の良いS先生に思わず愚痴ってしまいました。

教諭Z　休み時間にBから「先生は10年以上教師やってんのにLGBTの生徒の更衣室や宿泊教室での対応をしたことないのはおかしい」って言われて、ハッとしたんですよね。Bの言うとおりだなって。

教諭S　どういうことですか？

教諭Z　結局は、道徳など生徒の前で性に関する多様性を大事にしましょうなんて言ってはいても、表面上だけだったなと思って。性的少数者の生徒から相談できるような教師じゃなかったんですよね。

教諭S　そんなことはないんじゃないですか？　前の学校ではどうだったか知りませんが、子どもたちからすると話しかけやすい先生だと思いますよ。

教諭Z　いや、相談しづらかったと思います。「同性愛はダメだ！」とか「女子はスカートに決まってんだろ！」みたいなことを言うことはさすがになかったとしても、男子生徒がじゃれ合ってふざけているのを注意するときに、ただ「ケガするからやめなさい」と言えばいいものを、「男同士でじゃれ合うな」みたいに、あえて何かを匂わすような言い方をしてしまっていたと思います。そういう発言をする教師に、自らの性のことで悩んでいる生徒が相談してみようと思わないでしょう。だから、Bが言ってたことは、真実なんだと思うんです。S先生は、今までLGBTの生徒から、そのことで相談を受けたことがありますか？

教諭S いえ、多分そうだろうなと感じていた生徒はいましたが、そのことで相談を受けた経験はないです。こちらから探りを入れるものでもありませんし。学生時代の友人からカミングアウトされたことはありますが、生徒から相談を受けた経験はないですね。

教諭Z やっぱり、LGBTの生徒がいないわけではないのに、学校ではそのような生徒の存在をいないものとして扱ってしまっていたと思います。今思うと、中学校に上がってから不登校になってしまった生徒の中で、思い当たる生徒が何人かいる。あの子たちにとっては、男子はスラックス、女子はスカートと服装を分けられて、男子と女子が仲良く遊んでいると「つきあってるの？」なんてからかわれるような中学校で生活をしていくのは、相当苦しかったんだと思う。

教諭S そうですよね。私の友人も、学校にも相談しなかったし、親にも相談できないと悩んでいました。学校はともかく親に伝えられないのがつらいと、その友人は言ってましたね。

教諭Z そうですか。親に伝えることも躊躇しているのか。そこに、自分のような教員がLGBTに無理解な発言をしているとなると、学校から足が遠のいてしまうのも当然ですよね。本当に反省……。

教諭S Z先生の話を聞いて、私自身もマズかったなと思うことがあります。前任校は在日外国人の生徒が多かった地域でした。ほとんどの生徒は、外国籍の生徒に差別的な発言はしませんでしたが、中には明らかな差別発言をする生徒もいました。そのようなことが発覚したときには、すぐに指導をして、言われた生徒にはきちんと謝罪をさせていました。状況によっては、保護者が同行して謝罪することも頻繁にありましたし、在日外国人差別については職員もかなり敏感になっていました。だから職員集団としては、自分たちは人権という点では意識が高いという自負もありました。でも、性的少数者の人権保障ということについてはどうだったかというと、正直微妙ですね。

教諭Z　LGBT に関してからかうようなことを容認してた？

教諭S　まさにそのとおりです。どちらかというと、私も含めて職員の中に LGBT についてからかうようなことを容認する雰囲気があったのも事実です。在日外国人差別は絶対に許さないという一方で、LGBT の生徒に対して無理解な面があったと思います。

教諭Z　数字のうえではクラスに何人かいるのに、自分のクラスにはいないだろうって思ってしまうのはなぜだろう。

教諭S　本当はいるのに、いないかのように扱ってしまったところがあります。LGBT の生徒が息を潜めて生活しないといけないような学校を作っていたのは私たちかもしれません。

教諭Z　そうですね。LGBT の子どもたちへの配慮が足りないという理由で親から学校に対応を求められることがなかったということで、あぐらをかいてしまっていたかもしれない。本当は、親にも相談できず、誰にも言い出せない孤独な状況にあるかもしれないのに。

教諭S　仮に、今この学校で LGBT の生徒から施設面で配慮してほしいという要望があったとしたら、トイレや着替え等については、みんなと同じ部屋じゃなくて別の部屋を用意するということは可能ですよね。

教諭Z　そうですね。今は多目的トイレも設置されているし、宿泊教室の風呂だって、工夫すれば対応は可能なはずです。設備面での配慮は今思いつくだけでもかなり考えられると思います。

教諭S　問題は、生徒がそれを相談してみようかと思えるような学校であるかどうかですよね。少なくとも今までの私の言動は、そのように思ってもらえる教師ではありませんでした。

教諭Z LGBTの生徒が学校に配慮をしてほしいと言えるようになるためには、これまでのような自分たちの言動に注意する必要がありますね。あと、生徒にとっては、やっぱり同級生の目は気になるんじゃないかな。

教諭S 配慮をするにしても、場合によっては同級生に気づかれないように配慮しなければいけない状況もありえますね。

教諭Z そうですね。親にも言えないって悩んでいる生徒が、学校に相談することはかなり難しいかもしれませんけど、少なくともこの学校では、生徒が先生に相談してみようかなと思えるくらいに前進はしたいなぁ。

教諭S そうですね。

ある生徒の悩み

３日後、Ｚ先生は、３年生になってから欠席が増え始めたＦさんに話しかけました。

教諭Z 最近、元気ないけど何か心配なこととかあるかな？　もし、私でよければ気軽に相談してくださいね。

生徒F ……。

教諭Z まあ、無理に話をする必要はないから、相談があるときにはいつでも聞くから、気が向いたら話してください。

生徒F あの……修学旅行に行きたくないんですけど……。

教諭Z そうなんだ。修学旅行に行きたくない理由を、話すことはできるかな？　同じ班の誰かとけんかしちゃってるとか？

生徒F いや、誰か友達とモメているとかはないんですけど……。ただ、修学旅行には行きたくないんです。みんなが修学旅行に行っている間は、ちゃんと家で勉強しているので、行かなくていいですよね。

教諭Z　……うーん。でも、行きたくないから行かないでOKというのも、担任としてはあまりに無責任すぎるから、修学旅行に参加したくない原因があるのなら、それを解決したいと思うんだけど……。

生徒F　……。

教諭Z　修学旅行に行きたくないってことは、おうちの人にはもう相談しているの？

生徒F　いえ、相談していません！　先生、今日のこの話、家に電話しないでください！

教諭Z　わかりました。Fさんがそこまで強く望むなら、この話をおうちの方に電話しないよ。でも、修学旅行に行きたくないっていう原因は、今、話せるかな？

生徒F　……。

教諭Z　それなら、また今度、気が向いたら相談してくださいね。「もしこの壁がクリアできれば、修学旅行に行けます」ってことがわかれば、担任としてはぜひその壁をクリアして、Fさんも一緒にみんなで修学旅行に行きたいと思っています。

生徒F　……。

翌日、Fさんが職員室にZ先生を訪ねてきました。

生徒F　先生、昨日した話、今その続きの話をしてもいいですか？

教諭Z　いいですよ。修学旅行の件ですよね？　相談室に行きましょう。

（2人で相談室に行く）

生徒F　あの、修学旅行に行きたくないってのは、友達とモメているとか、みんなからシカトされているとかではないので、そこは大丈夫です。ただ、行きたくないのは、みんなと同じ部屋にいたくないんです。部屋のメンバーとは普段学校で話をしたり一緒に帰ったりすることはあるけど、３日間夜中までずっと一緒は、自分には無理です。だから行きたくないんです。理由はこれで十分じゃないですか？

教諭Ｚ　なるほど、「３日間夜中までずっと一緒は無理」か……。部屋のメンバーから嫌がらせを受けているわけではないんだよね？

生徒Ｆ　それは、大丈夫です。同じ部屋の友達も、何でも話せる仲かって言ったら、そうではないですけど……。部屋決めのときも誘ってくれて、事前学習のときも自分に気を遣ってくれているのはわかるけど、もう自分が行きたくないって感じが伝わっているかもしれません。だから、もう行かなくていいですよね？

教諭Ｚ　……。宿泊教室のときなんかは、体調不良の人が出てしまったときのために、何部屋か保健室用の１人部屋が用意されているんだよ。今回も宿泊先の宿には部屋数に余裕があったから、それを使うのはどうかな？　「３日間夜中までずっと一緒は無理！　もう限界！」って思ったときに、先生たちに申し出てもらって、１人部屋に移動するっていう計画は？

生徒Ｆ　それって、体調不良になった生徒のための部屋ですよね。もし、その部屋を使って翌日の活動でピンピンしてたら変じゃないですか？　１日目だけならまだしも、２日目も同じような行動とってたら、３日目には、さすがにまわりから「ありえなくない？」って言われますよ。だったら、最初から「修学旅行には、体調が悪くて行けませんでした」ってほうが、この後おとなしく学校生活を送り続けるためには得策だと思います。

教諭Ｚ　うーん。そうかぁ……。

生徒F　もし、全員が個室で1人部屋だっていうなら、気は進まないけど、修学旅行に行けると思います。でも、中学校の修学旅行で全員1人部屋の個室なんてことはありえないですよね。

教諭Z　1人1部屋は、さすがに厳しいなぁ。

生徒F　やっぱり、そうですよね。みんなは大人数で一部屋なのに、自分だけ1人部屋ってなると、「アイツだけワガママ」っていう反応が当然出てくると思います。

教諭Z　そっかぁ……。

生徒F　先生、学校って変ですよ！　狭い教室にアイウエオ順に生徒並べて番号つけて、各クラスで男子と女子が均等になるように分けられていて、成績がいい人も運動ができる人もこれまた同じように均等に分けられていて、クラスも生徒も何でも均等にされてる感じがする。それで、ちょっとでもみんなとは違う行動や発言があると、「フツーじゃない」とか「アイツは変だ」みたいな反応、ホントに息がつまりそうです。

教諭Z　……。

生徒F　……こんな話、先生にしても何も変わらないですよね。修学旅行は、やっぱり行くことはできません。

教諭Z　Fさんが話してくれたことはとても大事なことだと思うよ。ただ、修学旅行の参加については、もう少し時間がほしいな。このことを修学旅行担当の先生とも相談をしてもいい？

生徒F　それは構いませんけど、こないだと同じように、親にはいきなり電話しないでほしいです！

教諭Z　わかった。本当に修学旅行を欠席するのであれば、どこかでおうちの人には連絡をすることにはなるけど、とにかく今日の話をすぐにおうちの人に電話することはしないので、安心してください。

生徒F　わかりました。それなら大丈夫です。

教師たちの受け止め

今日は修学旅行担当者会議の日です。担当のＺ先生、Ｓ先生、Ｔ先生で、懸念される問題への対応を話し合います。そこでＺ先生は、Ｆさんのことを話題にしました。

教諭Ｚ　Ｆさんから修学旅行に行きたくないという申出がありました。保護者には内密にしてほしいということでしたが、本人としては、友人関係のトラブルではなく複数の人数で１つの部屋で過ごすことが難しいということでした。担任としては、保健室用の１人部屋を利用することも提案したのですが、それは他の生徒から「ワガママ」という反応があるだろうから嫌とのことでした。

教諭Ｓ　Ｆさんは２年生の後半くらいから欠席が増えてましたよね。１年生の入学当初は活発な生徒という印象でしたが、最近は友人関係についてもかつてのような積極性が見られなくなり、ある程度の距離を置いている感じがします。

教諭Ｔ　あぁ、そうそう！　１年のときは、誰とでも分け隔てなく話ができる生徒で、どっちかというとリーダー性のある生徒だったけど、今ではそんな感じはまったくしないね。

教諭Ｓ　そのＦさんが同級生と同じ部屋で過ごすのは難しいという申出をしたとなると、前にＺ先生と話したことも考慮に入れなければいけないなと思います。

教諭Ｔ　前に話したというのは？

教諭Ｚ　こないだ、LGBTについてＳ先生と話したんですよ。本当は、そのことで悩んでる生徒は一定数いるはずなのに、私たち教員がいないものとして目を背けてしまってきたんじゃないのかっていう話です。

教諭Ｔ　あれっ、Ｆさんから Z 先生に、同じ部屋になりたくない理由が性に関する悩みだっていう訴えがあったんですか？

教諭Ｚ　いや、そのような直接的な言葉はありませんでした。

教諭Ｔ　じゃあ、そうかどうかはまだわからないんですね？

教諭Ｚ　えぇ、でもこの件で悩んでる生徒は、親にも相談できず自分自身どうしていいかわからずに苦しんでいることが多いと聞きます。Ｆさんから直接的な表現がなかったにしても、教員としてはその可能性も含めて対応したほうがよいというのが私の意見です。

教諭Ｔ　それで、Ｆさんの要求は１人部屋にしてほしいって話なんですか？

教諭Ｚ　いえ、そういうわけではなく、もし自分だけ１人部屋にしてもらったら、まわりから「アイツはワガママ」だという反応があるだろうし、自分だけではなく全員が１人部屋ならまだ行けるかもしれないということでしたが、これは予算的にも現実的ではありませんし、本人もそれをわかっています。

教諭Ｔ　なるほどね……。やっぱり、本人が行きたくないというのであれば、無理に参加させる必要もないんじゃないですかね。仮にＦさんが、自分だけでも１人部屋を用意してくれるなら修学旅行に行けると言われた場合、それで OK としますか？　性に関する悩みと本人のワガママの境界がどこにあるのか、われわれには判断がつきませんよ。まわりから「アイツはワガママ」という反応があるっていうのももっともですし、Ｆさんがそういう反応を恐れるのも当然ですよ。

教諭Ｚ　そこがこの件の難しいところだと思います。あくまでも、本人からの申出の内容は修学旅行に行きたくないということと、理由はみんなと同じ部屋が無理っていうことなんです。確かに、性自認に関する話は本人からは一切出ていません。だからといって、修学旅行に行きたくないと言っているＦさんを、そのまま行かなくてOKというわけにもいかない気がします。この件を保護者に電話しないでほしいと言っているところも、私はすごく気になります。

教諭Ｔ もし、Ｆさんが性自認のことで悩んでいるならば、そういう申出を教員にしてもらえればいいんですよ。それならば、われわれだって１人部屋を用意するし、保護者や他の生徒にも説明がしやすい。説明ができれば、「アイツだけワガママ」なんて話も出てこないから、同級生の冷ややかな視線も気にすることはないでしょう。その申出がないということは、やっぱりＦさんのワガママってことで、そんなに真剣に向き合う必要もないんじゃないですかね。

教諭Ｓ そういうわけにはいかないと思います。Ｆさんがそうであるかどうかは別として、性自認に悩んでいる中学生は、親にも相談できずに悩んでいるようです。また、自分自身の悩みが性自認に関することなのかどうかもわからずに悩む年齢であることも考慮する必要があります。また、性に関することは個人のプライバシーとして最大限守られるべきものであると思いますので、本人から申し出てさえくれればみんなに説明できるし、すべて解決っていうわけではないと思います。

教諭Ｔ じゃあ、なおさらどうすればいいんですか⁉　もうこの件については、何もしないってことが一番いい方法じゃないですか⁉

教諭Ｚ ……話をしている最後にＦさんがこう言ったんですよね。「先生、学校って変だよ。男女の人数も各クラスで均等に分けて、何でも均等にされてる感じがする。ちょっとでも、みんなとは違う行動や発言があると、『フツーじゃない』『変だ』とか言われて、息がつまりそうだ」って。Ｆさんは毎日この悩みを抱えて学校生活を送っていたんでしょうね……。

教諭S　……。

教諭T　……。「何でも均等にされてる感じがする」か……。Ｆさんには、学校がそういう風に映ってたのか……。

教諭Z　Ｆさんに無理にカミングアウトさせるつもりはないし、本人からの言葉がない限り、性に関することにも触れない。ただ、もう一度Ｆさんと修学旅行について話をする時間をつくりたいと思います。そのときは、先ほどのＦさんの言葉を私たち教員が重く受け止めていることを伝えるつもりです。それと、Ｆさんは複数で同じ部屋に泊まるのが難しいという話なのだから、学校としては１人部屋の用意があるという話をもう一度話したいと思います。ワガママだって言われることを恐れているなら、そうならないように、Ｆさんと一緒に作戦を考えればいいと思います。このような話で進めていいですか？

教諭T　わかりました。難しい課題だとは思いますが、Ｆさんと話をする必要性があることは理解しました。再度Ｆさんと話をしてみてください。

教諭S　私もＺ先生の考えに賛成です。まずはＦさんの話に耳を傾けましょう。私たちが耳を傾ける姿勢があることは、必ず子どもたちに伝わるはずです。そして、自分たちの姿勢を他の職員にも見せていきましょう。すぐにすべてが変わらないかもしれませんが、Ｆさんのような生徒にとって、生活しやすい学校に近づける一歩になるはずです。

[解説]……………………………………個人の尊厳

1 LGBTとは

(1) LGBTの意義

この数年でLGBTという言葉を耳にすることも多くなっているかと思います。ある調査によると、LGBTという言葉自体の認知率は、2019年には91.0%となり、2016年の54.4%から大幅に上昇しています。しかし、他方で、LGBTという言葉がどのような人たちを指すのかを理解している人の割合（理解率）は、2019年でも57.1%（2016年は32.7%）にとどまっています（LGBT総合研究所「LGBT意識行動調査2019」による)。

LGBTという言葉は、レズビアン（Lesbian)、ゲイ（Gay)、バイセクシャル（Bisexual)、トランスジェンダー（Transgender）の４つの頭文字をとった言葉です。レズビアンとは女性を恋愛や性愛の対象とする女性（女性同性愛者)、ゲイとは男性を恋愛や性愛の対象とする男性（男性同性愛者)、バイセクシャルとは男女どちらをも恋愛や性愛の対象とする人（両性愛者)、トランスジェンダーとは生物学的な性・戸籍の性と性自認が一致せず、自らの性別に違和をもつ人をそれぞれ意味します。トランスジェンダーのうち、FTMは女性から男性へ、MTFは男性から女性へ性別移行を望む人を指します。なお、トランスジェンダーに対置する概念としてシスジェンダーがあります。シスジェンダーは生物学的性・戸籍の性と性自認が一致している人を指します。

このLGBTという言葉は、文脈によって上記の４つを含むセクシュアルマイノリティ全般を表すものとして使用されることもあれば、上記の４つのみを意味するものとして使用されることもあります。実際には、レズビアン・ゲイ・バイセクシャル・トランスジェンダー以外にもセクシュアリティがあることから、それを意識して、「LGBTQ」や「LGBTs」などと表現されることもあります。

本稿では、セクシュアルマイノリティ全般を指す意味で「LGBT」という言葉を使用します。

⑵ セクシュアリティの構成要素

人のセクシュアリティを構成する要素はさまざまあると考えられていますが、ここでは代表的な３つの要素として、生物学的な性、性自認、性的指向を紹介します。

まず、生物学的な性（セックス〔Sex〕）は、文字どおり、生まれたときの生物学的な性を指します。なお、戸籍の性は、厳密な意味での生物学的な性ではなく、生まれたときの身体的特徴を参照して割り当てられています。

次に、性自認（ジェンダーアイデンティティ〔Gender Identity〕）は、自分自身の性別をどう認識しているかという自分の性別に対する自己認識をいいます。男性であるという認識、女性であるという認識、その中間であるという認識、いずれでもないという認識など、さまざまです。

３つ目の性的指向（セクシュアルオリエンテーション〔Sexual Orientation〕）は、恋愛や性愛の対象となる性別を意味します。

これらの３要素をはじめとする要素によって、人のセクシュアリティが構成されています。そして、これらの３要素すべて（戸籍の性は除く）が男女どちらかに分けられるものではなく、いわばグラーデーションを構成しています。つまり、セクシュアリティのあり方は多種多様で、誰一人、まったく同じセクシュアリティである人はいないと言っても過言ではありません。

３つの要素を前述したレズビアン・ゲイ・バイセクシャル・トランスジェンダーについて見てみますと、レズビアン・ゲイ・バイセクシュアルが性自認と性的指向の関係に着目した言葉であるのに対して、トランスジェンダーは生物学的な性と性自認の関係に着目した言葉であるといえます。

(3) 日本の人口に占める割合

本事例でも登場している日本国内のLGBTの割合については、さまざまな調査がなされていて、電通ダイバーシティラボ「LGBTQ+調査2020」によると、LGBTQ+層(「シスジェンダーかつ異性愛」ではない人たち)に該当する人は8.9%という結果が出ています(このほかにも、LGBT総合研究所からは、シスジェンダーかつ異性愛の方以外10%、異性愛以外7%、シスジェンダー以外6.1%との調査結果が公表されています〔「LGBT意識行動調査2019」事前調査より〕)。11人に1人の割合です。この数字は、左利きの方の割合、血液型がAB型の方の割合とさほど変わりません。

2■SOGIという概念

近年国際的に使われるようになった言葉として「SOGI」(ソジ)という言葉があります。これは、性的指向を意味するSexual Orientationと、性自認を意味するGender Identityの頭文字をとった略語です。

これまで見てきたとおり、「LGBT」は性的指向や性自認に関するマイノリティを指す言葉として使われていますが、この「SOGI」は、すべての人が生まれながらにして有している性自認と性的指向に着目して、個々人のセクシュアリティを論じるべきであるとの考え方をもとに生まれたもので、性的指向や性自認という要素そのものを指す言葉です。

3■LGBTの子どもの実態

人は、身体や感情の成長・発達、他者との関係性の変化や制度の中で、自らのセクシュアリティを形成していきます。シスジェンダーかつ異性愛の人々は、自分が「普通」と位置づけられていることから、自分自身のセクシュアリティを深く考えずに日々の生活を送ることができます。

しかし、LGBT の場合、発達のある段階で自己のセクシュアリティと向き合い、「気づく」ことが多いです。具体的には、トランスジェンダーの人が性別の違和感を自覚し始めた時期については、以下の表のとおりで、多くの人が小学校入学前後には性別の違和感を自覚し始めていることがわかります。また、同性愛（男性）に「なんとなく自覚」したのは 13.1 歳、「異性愛でないかも」と感じたのは 15.4 歳、「ゲイをはっきり自覚」したのが 17.0 歳と、性的指向に関しての気づきは思春期の頃が多いとされています（谷口洋幸ほか編『セクシュアリティと法』〔法律文化社、2017 年〕104 頁参照）。

性別違和感を自覚し始めた時期

	全症例（n=1,167）	MTF（n=431）	FTM（n=736）
小学校入学以前	660（56.6%）	145（33.6%）	515（70.0%）
小学校低学年	158（13.5%）	67（15.5%）	91（12.4%）
小学校高学年	115（9.9%）	56（13.0%）	59（8.0%）
中学校	113（9.7%）	74（17.2%）	39（5.3%）
高校生以降	92（7.9%）	77（17.9%）	15（2.0%）
不明	29（2.5%）	12（2.8%）	17（2.3%）

中塚幹也『性同一性障害と思春期』小児保健研究 75(2)（2016）154 〜 160 頁より。

このように「普通」とは異なることを自覚した状態で思春期を迎えることが多いため、自殺のリスクが高い傾向にあり、厚生労働省の「自殺総合大綱」（2012 年 8 月 28 日閣議決定）でも、「自殺念慮の割合等が高いことが指摘されている性的マイノリティについて、無理解や偏見等がその背景にある社会的要因の一つであると捉えて、教職員の理解を促進する」（同 149 頁の「第３　自殺を予防するための当面の重点施策」「３　早期対応の中心的役割を果たす人材を養成する」「(2)　教職員に対する普及啓発等の実施」参照）と教育現場の取組みの必要性が明記されています。

また、ゲイ男性の54%にいじめの被害経験があり、トランスジェンダーの約３割に不登校経験があるとされています（日高庸晴「LGBT学生の存在を考える―キャンパス内でのダイバーシティ推進のために」大学時報384号〔2014年〕76～83頁）。いじめや不登校、自殺などの問題の背景に、LGBTが関係していることも多いといえます。

このような状況を踏まえると、学校教育の段階で、LGBTに関する正しい知識をもち、認識を深める必要性が高いといえます。

4■学校現場でできること

人がどのような性的指向や性自認を有しているかなど性の多様性に関わることがらは、人がその人らしく生きていくために必要不可欠であり、個人の尊厳のために不可欠なものです。前述したSOGIという概念は、まさに、性的指向や性自認といった誰しもがもっている要素に着目した概念であり、性の多様性に関することがらがすべての人に関わることがらであることを示す概念です。

このように、人がどのような性的指向や性自認を有しているかは、個人の基本的人権の根幹に関わるもので、個人の尊重と幸福追求権を規定した憲法13条と密接に関わることがらです。また、特定の性的指向や性自認をもつことを理由に差別的取扱いを行うことは、人が自由に選択できない事由による差別として、法の下の平等を規定し、不合理な差別を禁止した憲法14条1項とも密接に関わることがらです。

そのため、学校現場においても、性的指向や性自認を人権の問題として位置づけて、適切に対応することが必要となります。では、学校において、どのような場面で配慮すべきでしょうか。

日本国憲法

13条　すべて国民は、個人として尊重される。生命、自由及び幸福追求に対する国民の権利については、公共の福祉に反しない限り、立法その他の国政の上で、最大の尊重を必要とする。

14条１項　すべて国民は、法の下に平等であって、人種、信条、性別、社会的身分又は門地により、政治的、経済的又は社会的関係において、差別されない。

⑴ 性別二元論からの脱却

まず、教職員自身が、「世の中には男性と女性の２つの性しか存在しない」「生まれ持った外性器の形によって男らしさや女らしさを『自然に』身につけるようになる」という考え方から脱却することが重要です。

どんなに授業で「性的指向や性自認を尊重しましょう」と話していたとしても、このような考え方をもったままであれば、雑談やふとしたときに、無意識的にこのような考え方から言葉を発してしまったりします。LGBT当事者の児童・生徒にとっては、このような考えから作られている制度やこのような考えから発せられる言葉によって、心を深く傷つけられ、自己肯定感が大きく損なわれてしまいます。

⑵ LGBTの存在をいつも念頭に置く

また、「LGBT の存在をいつも念頭に置く」という意識をもつことが重要です。LGBT 当事者の児童や生徒のすべてがカミングアウトしているとは限りませんし、はっきりとは自覚していなくても自分の性的指向や性自認について違和感をもっている児童や生徒がいても何ら不思議ではありません。

そのため、カミングアウトされていないからといって、目の前の児童や生徒がLGBT 当事者ではないとはいえないのです。

このことは、児童や生徒だけに限った話ではなく、保護者や同僚の教職員、地域の人々との関係でも同様に当てはまります。

(3) 具体的に気をつけるべき点

LGBT の存在をいつも念頭に置いて校内環境を見直すと、事前に検討できることが多くあることに気づくと思います。そのようなものについては、事前に対応を検討しておくことが重要です。

主な点としては以下のものが挙げられます。（　）内は考えられる対応例です。

① 学生服の着用（希望する性別の制服、体操服やジャージ、登下校時のみ学生服着用で校内では体操服やジャージなど）

② トイレ・更衣室の利用（誰でもトイレ、希望する性別のトイレや更衣室、希望する性別の教職員用トイレ、他の生徒の更衣後に１人で更衣、保健室などで更衣など）

③ 体育・プールの授業への参加（本人が希望する水着着用、夏休みなどほかの生徒がいないときに個別指導、レポート提出などの代替手段の可能性など）

④ 健康診断（体操服を着たまま男女混合、内科検診などパーテーションで医師の前でのみ脱衣、他の生徒がいない時間場所で個別対応など）

⑤ 宿泊行事の部屋割り・入浴（希望する性別の部屋へ割り振る、個室に割り振る、引率教員の部屋のシャワールームなどを個室使用を認める、他の生徒がいない時間帯に入浴など）

⑥ 氏名（希望する通称名を使用、戸籍名を使用する場合に生徒に事前に連絡、卒業証書の読み上げは通称名でなど）

(4) LGBTに関する啓発

教職員や大人は、児童や生徒から常に観察されていることを忘れないことが大切です。

教職員が「ホモネタ」や「オネェネタ」を発しないのはもちろんのこと、

クラスや職員室内で「ホモネタ」や「オネェネタ」を見逃さないこと、あらゆる授業で性の多様性を肯定するメッセージを送ることが望ましいです。

たとえば、国語の授業で、「家族の形」や「思春期の若者の恋愛」をテーマとした作品を扱う際に、家族や恋愛にもいろいろな形があることを伝えたり、英語の授業では、海外のニュースとしてLGBTの話題を取り上げ、有名人のカミングアウトや同性婚の話題を取り上げたり、生物の授業でも、性染色体など性分化について扱う際に、人間の性のあり方は生物学的な性だけに規定されず多様であることや、性の３要素について取り上げたりすることで、肯定のメッセージを伝えることができます。これまで行ってきた授業を少し工夫することから始めてもよいでしょう（遠藤まめた『先生と親のためのLGBTガイド』〔合同出版、2016年〕116～118頁参照）。

(5) 生徒からカミングアウトされたら

生徒からカミングアウトされた場合には、とくに以下の点に注意をする必要があります。

① まずはプライバシーを守る
② まわりの人たちにどこまで話すかを確認する
③ 家族へのカミングアウトを希望する場合には、家族へのカミングアウトをともに考える
④ わからないことは本人と一緒に考える
⑤ 話し合いのプロセスを大切にする
⑥ 匿名性や守秘性がきちんと確保されている外部の相談機関の活用も考える

5　本事例について

本事例では、いわゆる「ゲイネタ」が発端となっております。生徒間でこのような「ゲイネタ」が飛び交うことがあります。その際、「ゲイネタ」

を耳にした教職員がどのように振る舞うかがとても重要になります。

今回の場合、担任のＺ先生は即座に明確に注意をしており、適切な対応であると評価できます。ここでどのような対応をするか、生徒とともに「ゲイネタ」に加わってしまうのはもちろん、明確に注意することなく放置してしまうのも、無理解や偏見を助長するため、不適切だと考えられます。

また、本事例でＺ先生は、生徒との会話の中で、宿泊教室においてLGBTの生徒からの「希望があれば着替えやお風呂など施設面での対応はいくらでもできる」と話していましたが、Ｓ先生の「配慮をするにしても、場合によっては同級生に気づかれないように配慮しなければいけない状況もありえますね」という発言で気づきを得ています。カミングアウトできない、していない児童や生徒の存在を念頭に置いて、学校としての対応を事前に検討しておくことはとても重要になります。

そして、本事例では、Ｆさんから明確なカミングアウトがなされない中で、「同級生と同じ部屋で過ごすのは難しい」という理由から、修学旅行に参加したくないと相談されています。この場合に最も避けなければならない対応は、理由を決めつけることです。生徒本人から明確な理由が話されない中では、理由を決めつけることなくさまざまな可能性を想定するべきです。本事例のＺ先生のように、生徒としっかりと話をして、背景にあるものを探り、真摯な申出であるのかを慎重に見極めることが求められます。

本事例のＺ先生のように、性的指向や性自認で違和感をもっている児童や生徒がいることを常に想定し、児童や生徒からなされた相談が、性的指向や性自認に違和感をもっていることからなされたものである可能性も吟味することができれば、性的指向や性自認に違和感をもつ児童や生徒の個人の尊厳が守られる学校となると考えられます。

6 障害がある子どもへの配慮

もうすぐスキー教室。この中学校の生徒たちの多くが楽しみにしている宿泊行事です。しかし、特別支援学級の生徒Aさんの保護者が学校にやって来て、わが子は参加させないと言い出しました。

このままでは参加できない

保護者 先生、今度の自然教室にはうちの子は参加しない方向で考えています。

担任 え⁉　いかがされましたか？

保護者 先生はご存知のことですが、うちの子は運動が苦手じゃないですか。しかも、自然教室ではスキーをやるんですよね？　あの子、スキーが初めてなんです。とてもじゃないですが、スキーをやって無事に帰ってこれるとは思えません。そもそも学校でスキーはやらなければならないものですか？

担任　えーと……、お母様の気持ちはわかります。学校としても安全に配慮して、自然教室の計画を立てています。スキーでは、現地のインストラクターを雇い、それぞれの技術に応じた体験ができるように配慮しております。

保護者　先生、インストラクターは、生徒１人に１名つくわけではないですよね？　特別支援学級では、生徒一人ひとりの特性に応じて丁寧に指導してもらっているのに、自然教室ではそれはしてもらえないということですよね。たとえば、インストラクターを増やしてマンツーマンでうちの子が講習を受けられるような配慮をしてもらえないのでしょうか。

担任　……わかりました。お母様の話を受けて、学校としてどのようなことができるか検討させていただきます。

保護者　ぜひお願いします。うちの子は、宿泊行事を楽しみにしているんです。また初めてのスキーにチャレンジしてみたい気持ちがあるんです。親としても、普段ではなかなかできないさまざまな体験を本人にしてもらって成長の機会にしたいとは思っています。

担任　そうですよね。それでは、またご連絡させていただきます。

特別扱いは難しい

担任の先生は、職員室に戻ると、学年主任の先生に相談することにしました。

担任　Ａさんの母親から、自然教室でインストラクターを増やしてほしいと言われたのですが、どうしましょうか？　特別支援学級の担当としては、特別支援学級の担任がＡさんにつきっきりでスキー講習をするのは難しいです。特別支援学級だけインストラクターの数を増やしてもらうことは可能ですか？

学年主任　それは厳しいよね。Ａさんのわがままを聞いていたらキリがないよね。だいたい職員だって十分にいなくて、全体の動きを見るだけで手一杯なのに、どうやれば個人にマンツーマンでインストラクターをつけられるというのか……。

担任　そうですよね。自然教室の引率職員の旅費の問題もあるし、難しいですよね。

「やはり、保護者の要求に応えるのは無理だな」。そう判断した先生は、それを伝えるためにＡさんの保護者に電話をかけました。

担任　お母様、ご相談いただき、ありがとうございました。それで、先ほどインストラクターについて検討したのですが、費用面から考えて、やはりインストラクターを増やすことは厳しいです。また講習中に職員がＡさんの横にずっとついているのは、全体の動きを見ると厳しそうです。申し訳ありません。

保護者　そうなのですね……。でも、納得がいきません。費用面と言いますが、費用を払うのは保護者ですよね。それならば、私が費用を出せばインストラクターを増やしてもらえますか？　また職員の動きについておっしゃってましたが、先生たちはアレルギー対応には労を惜しまずやられますよね。調査からメニュー変更、当日だってチェックしていらっしゃると聞きましたよ。そのような個に応じた対応は可能なのに、うちのケースは十分に検討もしないで、できないと言われてしまうのでしょうか……。

担任　申し訳ありません。もう一度、学校のほうで検討させていただきます。

とにかく関係者で話し合ってみよう

「困った……」。考えあぐねた先生は、スクールロイヤーの弁護士に相談してみることにしました。

担任　そういうわけなんです。どうすればいいのか、困ってしまっています。

弁護士　それは学校の対応としてはよくなかったですね。保護者から要望があったときに、学校が十分に検討したといえるのでしょうか。障害者差別解消法７条では、「障害者から現に社会的障壁の除去を必要としている旨の意思の表明があった場合」において、学校は「実施に伴う負担が過重でないとき」は「社会的障壁の除去の実施について必要かつ合理的な配慮をしなければならない」としています。この場合、相談があった時点で、学校として保護者のニーズがどのような影響を与えるかを検討するべきであって、一部の先生だけで結論づけるべきではありませんでした。そもそも、この相談を校長先生はご存知なのですか？

担任　いえ、校長は知りません。学年職員しか知らない話です。

弁護士　では、速やかにこの生徒が自然教室に参加できるような配慮が可能かどうか検討する会議を開くべきでしょう。そこには校長はもちろん、さまざまな立場から意見が出るように事務職員なども参加したほうがよいでしょう。そして、気をつけてほしいのは、その会議での結論を最終決定とするのではなく、その会議の内容に基づいて本人・保護者と合意形成をすることが最も大切だということです。学校が一方的に決めるのではなく、学校と本人・保護者による話し合いで合意形成していくことが「合理的配慮」で求められていることです。

担任　学校が一方的に決定するものではないのか……。私の電話は、一方的に決定事項を伝えていたな。Ａさんが納得しなかったのは、そういう手続的なところもあったのでしょうね。

翌日、検討会議が開かれることとなりました。参加したのは担任と学年主任、校長、事務職員、そして特別支援教育コーディネーターにも出席をお願いしました。

学年主任　現在の職員配置では、Ａさんを手厚く見守ることはできません。だいたいＡさんだけ特別扱いでいいのでしょうか。インストラクターを増やして、他の生徒への安全配慮も強化しなくていいのでしょうか。また職員を新たに参加させるほどの旅費はあるのでしょうか。いろいろ疑問に思います。

事務職員　現在の旅費の執行状況から考えると、新たな職員を自然教室に参加させる余裕はなさそうです。そもそも職員でなければならないのでしょうか。学生ボランティア等を利用して、講習中に見守ってもらうのはダメですか？

担任　ボランティアだとしても、参加するための宿泊費用などが発生しますよね。それは誰が負担するのですか？　学校が負担する余裕がないですよね。結果は同じなのか。

特別支援教育コーディネーター（以下、コーディネーター）　職員の動きを見直すことはできないのでしょうか。職員は講習中、各生徒の様子を見まわるのですよね。そこを工夫することで、職員の動きに余裕が生まれ、Ａさんの個別対応ができる職員は出せないですか。たとえば、全職員でゲレンデを見回るのではなく、見回りの先生を限定するとか……。

学年主任　職員の動きを工夫するのはできますが、余裕の出た職員をＡさん一人の対応につけるのは厳しいのではないでしょうか。職員間にもスキー技術の差があります。スキーが得意な職員をＡさん対応にしたら、ゲレンデの見回り計画がうまく機能しないですし……。

校長　厳しい状況ですね。少し視点を変えて、スキー教室では全員が必ずスキーの講習を受けなければならないのでしょうか。たとえば、Ａさんはスキーの講習を受けずにゲレンデの空いているところで雪遊びしながら、自然体験をしてもらうとか。

担任　しかし、保護者からは「Ａさんがスキーを楽しみにしている」と言われています。スキー講習を受けない提案を納得してくださるか疑問です。あと、保護者は自己負担でインストラクターを増やしてもいいと言ってますが。

事務職員　保護者が個人的にインストラクター代を負担するのは、その家庭への経済的負担が大きくなってしまい、教育活動としてどうなのでしょうか。

学年主任　そういう部分はありますよね。一部の家庭だけに必要以上の経済的負担を強いるのは、学校行事としてどうでしょうか。

▍このイベントの教育目的は？

校長　ここで確認したいのは、自然教室の教育目的についてです。自然教室は、スキー講習を受けなければ目的が達成できないものなのでしょうか。本来ならば、宿泊行事は集団生活を通して生徒の資質・能力を伸ばしたり、普段の学校生活では経験できない自然体験をすることが目的ならば、スキーは必ずやらなければならないものではないですよね。

学年主任　そう言われればそうですが、Ａさんのために別プログラムを用意したら、それ以外の生徒から要望が出てきたら、ほかにもプログラムを用意するのですか？　それをしたら、行事がめちゃくちゃですよ。

校長　行事がめちゃくちゃにならないためにも、行事のねらいを今一度確認して、特別な配慮が必要な生徒がいる場合に、目的から逸れずに具体的な支援計画を検討するべきだと思っています。そのためには教育目的の確認もそうですが、Ａさんのニーズをきちんと確認する必要があると思っています。

担任　保護者は、「Ａさんは宿泊行事を楽しみにしている」「スキーのような普段ではできないさまざまな経験をさせたい」とおっしゃってましたね。

学年主任　なるほど。それならば、みんなとは同じではないけど、ゲレンデで雪に触れたり、危険のない範囲でスキー体験をすることを提案してみましょうか。

コーディネーター　宿泊地の近くでは、他の体験活動はできないのでしょうか。旅行会社に問い合わせてみるのはよいかもしれませんね。

担任の先生は、保護者から相談を受けたときは絶対無理だと感じましたし、Ａさんは欠席するものだと思っていましたが、他の案を検討してみるとＡさんのための自然教室ができそうな気がしてきました。

この後も検討会議では、さまざまな方向からＡさんが自然教室に参加できるプランが考えられました。

合意形成

担任 学校としては、インストラクターを増やすことは厳しいです。また引率教員を増やすことでＡさんの講習中に見守りを強化するのは厳しそうです。申し訳ありません。

保護者 そうですよね……（やはり、うちの子は自然教室に参加できないのね）。

担任 しかし、学校としては、Ａさんも自然教室に参加して、普段の学校生活ではできない体験をしてもらいたいとは思っています。そのために、みんなと同じプログラムではないですが、ゲレンデの安全な場所で簡単なスキー体験をしたり、宿泊地近くでの木工体験を用意したいと思います。

保護者 そうですか。ご提案はありがたいのですが、みんなと同じではないというのが気になります。Ａ本人が何と言うかわからないですし……。

担任 そうですよね。お母様だけでは決めきれませんよね。一度、ご家庭で話し合われて、もう一度ご相談いただけますでしょうか。

保護者 わかりました。

それから１週間後……。先生が廊下を歩いていると、スクールロイヤーの弁護士が声をかけてきました。

弁護士 この間の自然教室の件は、どうなりましたか？

担任 ご心配おかけしました。あの後、速やかに検討会議を開き、保護者・本人と相談し、①初心者の講習を受ける、②傾斜の緩やかなゲレンデでスキー体験をする、③本人の申出があったときは無理をせずに他の体験をする、という形でまとまりました。検討会議で考えていたものとは違いますが。

弁護士 それはよかったです。検討会議と違う結果になったことはあまり重要ではないでしょう。前にも申し上げたとおり、大切なのは学校と本人・保護者による話し合いで合意形成していくことであり、今回はそれが十分になされたのでしょう。あとは、今回合意した内容が、体制面・財政面において、学校にとって過度の負担になっていないか心配です。

担任 それは大丈夫そうです。今回あらためて自然教室の目的・内容を振り返ったことで、内容のスリム化について話し合うこともできましたし。

弁護士 それは一石二鳥となりましたね。いろんなことが解決できてよかったですね。

［解説］合理的配慮

不平等・不公平はいけない、差別はいけないと、私たちは当然思っています。しかし、私たちは個性をもっており、外見・性格・能力などがさまざまで、それぞれ価値観も違います。それぞれ異なる人をまったく同じように扱うのが平等でしょうか。平等・差別とはどのようなことなのでしょうか。

1 平等と差別

平等については、形式的平等・実質的平等、機会の平等・結果の平等などの考え方があることを、前の事例で見てきました。

憲法14条1項は「すべて国民は、法の下に平等であって、人種、信条、性別、社会的身分又は門地により、政治的、経済的又は社会的関係において、差別されない」と規定し、人種・信条等で差別することを禁止しています。禁止される差別は、当然ここに列挙されるものに限られず、障害者やセクシャルマイノリティへの差別も許されるわけではありません。

では、他の人と異なる扱いをすれば、常に差別になってしまうのでしょうか。

私たちには多様な個性があり、一人ひとり異なっています、それを無視して、すべての人をまったく同じように扱えば、かえって不合理なことになるのは自明です。このように違う人を違うように扱うことは、合理的な理由があれば、差別ではなく不平等ではありません（合理的区別）。

さらに、ここでは異なる者を異なって扱わないことが差別となる場合（合理的配慮）を見ていきます。

2　多様性とインクルーシブ教育

学校教育は、ある年齢の子どもを１カ所に集め、一定の課題をみんなができるようにするという性質があり、どうしても、「みんな同じ」をめざしてしまいがちです。さらに、多くの学校で学級目標やスローガンに「みんな仲良く」「みんなで団結」といったものが掲げられています。

しかし、みんな同じ、みんな仲良くといった同質性をめざすことは、憲法の根本的な価値である「個人の尊厳」とは矛盾しています。個人の個性を尊重し、みんながそれぞれ違うことを認め、けんかさえしなければ仲良くならなくてもよい。１つの目標に向かってクラス一丸となって団結したい人はしてもよいが、したくない人はしなくてもよい。これが憲法のめざす社会のあり方です。これは、多様性と言い換えてもいいかもしれません。

たとえば、クラスの中には、（とくに高機能自閉症、自閉スペクトラム症〔ASD〕といった発達障害がある子どもたちなど）みんなと仲良くするのではなく独りのほうが落ち着く子や、みんなと１つの目標に向かって集団で何かに取り組むことが苦手な子もいるはずです。

このような子どもたちに、みんなのためだから我慢しろというのは全体主義的であり、個人を尊重する社会とはいえません。

このような障害がある子どもも、障害がない子どもも、共に教育を受けられることを、インクルーシブ教育といいます。

誰もが相互に人格と個性を尊重し支え合い、人々の多様なあり方を相互に認め合える全員参加型の社会＝「共生社会」をめざすことに反対の人はいないと思われます。共生社会をめざすうえで、学校、教室が共生をめざしていくことに価値があることは間違いないように思われます。

3　本事例について

ここでは、Ａさんの保護者からの要望にどのように答えるのかが問題になっていました。会話の中でも出てきましたが、「合理的配慮」とは何かということが、問題になります。

わが国は、1970年に障害者基本法が制定され、2007年に「障害者の権利に関する条約」に署名しました。「合理的配慮」という言葉は、この条約の中で使われています。それを受けて2013年、「障害を理由とする差別の解消の推進に関する法律」（通称「障害者差別解消法」）が成立し、その中で公的機関は合理的配慮を行うことが義務となりました。

障害者の権利に関する条約

２条（抜粋）「合理的配慮」とは、障害者が他の者との平等を基礎として全ての人権及び基本的自由を享有し、又は行使することを確保するための必要かつ適当な変更及び調整であって、特定の場合において必要とされるものであり、かつ、均衡を失した又は過度の負担を課さないものをいう。

⑴ 不当な差別的取扱いの禁止

合理的な配慮の前に、まず、障害者差別解消法では不当な差別的な取扱いが禁止されます。これは、公立学校でも私立学校でも法的な義務です。障害を理由として、障害がない生徒と異なる不当な差別的取扱いをすることにより、障害のある生徒の権利や利益を侵害してはいけません。

法が禁止する障害者の権利利益の侵害とは、障害者に対して、正当な理由なく、障害を理由として、財・サービスや各種機会の提供を拒否する、または提供にあたって場所・時間帯などを制限することなどによる権利利益の侵害です。

本事例で、仮に、障害があるという理由で自然教室に連れて行かないなどの対応をするとすれば、不当な差別的取扱いにあたるでしょう。

(2) 合理的配慮の基本的な考え方

さらに、公立学校では、合理的配慮が法的な義務となります（私立学校では努力義務です。2021年５月に障害者差別解消法が改正され、私立学校でも合理的配慮は法的義務となりました。公布の日から３年以内に施行される予定です）。

障害者差別解消法

7条2項　行政機関等は、その事務又は事業を行うに当たり、障害者から現に社会的障壁の除去を必要としている旨の意思の表明があった場合において、その実施に伴う負担が過重でないときは、障害者の権利利益を侵害することとならないよう、当該障害者の性別、年齢及び障害の状態に応じて、社会的障壁の除去の実施について必要かつ合理的な配慮をしなければならない。

簡単にまとめると、合理的配慮とは、①社会的障壁の除去のうち、②個々のニーズに応じたもので、かつ、③過度の負担がないもの、となります。社会的障壁とは、障害者が生活するうえで支障となる外的な要因をいいます。

合理的配慮は、個々のニーズを満たすものですから、具体的な場面や状況に応じて異なります。

子どもたちの障害は、多様で、それぞれ異なっているのですから、それぞれの状況に応じて、日常生活や社会生活を送るうえでの障壁を取り除く方法について、代わりの手段を選ぶことも含め、建設的な対話による相互理解を通じて、必要かつ合理的な範囲で対応する必要があります。

本事例では、インストラクターをＡさんのために増やすというような対応が、「負担が過重」な場合にあたるものと思われます。

4　まとめ

本事例では、管理職の教員がとても適切な学校運営をしており、Ａさんの保護者の要望に対応をして、合理的な配慮を行いました。当初のＡさんの保護者の要望どおりの手段にはなりませんでしたが、まさに「建設的な対話による相互理解」を通じて、合理的な範囲で対応しています。

ただ、学校は人員も予算も限られていますし、管理職が理解のある人物とも限りませんので、必ずしもうまくいかないかもしれません。しかし、障害がある生徒と共に生きるために無理のない範囲で配慮を行うことは、すでに多くの教員が無意識のうちに実践しているところでもあり、それが、憲法の「個人」を尊重する社会につながっていくと考えられます。

7　子どもの貧困をどうするか

この中学校では、１年生が夏休み前の三者面談を行っているところです。１年C組の教室の中では、一人の男子生徒が母親と三者面談に臨んでいます。彼の家庭は、生活保護世帯ではないものの、就学援助を受けています。そのため、彼は、本当は野球部に入りたかったのですが、両親の負担にならないよう、お金のかかる部活にも入らず、クラスのほとんどの生徒が持っているスマホも我慢していました。そのため、お年玉を貯めて買ったゲーム機でゲームをすることだけが、彼の唯一の楽しみでした。

ある生徒の面談

教諭　きみは部活に入ってないんだね。どうして入らなかったの？

生徒　（笑ってごまかす）

教諭　塾が忙しい？

生徒　いや、塾には行ってないんで……。

母　申し訳ありません。私どもも部活は勧めたんですけど、私があまり身体が丈夫じゃなくて、下の子も持病があるものですから、そういうことも考えたのかもしれません。優しい子なので。

教諭　部活も塾もないと暇だろう？　家ではどうやって過ごしてるの？

生徒　だいたいゲームしてます。

母　手伝いをよくしてくれるんです。勉強は、まあ予習と復習ぐらいはやっているようですけど……。

教諭　進学はどうしたいの？

生徒　一応、公立の○○高を受けようかな、と思ってます。

教諭　私立は？

生徒　ここ１本で勝負しようかなって。

教諭　まぁ、きみの実力ならこの高校は受かると思うけど。ただ、油断はできないから、ちゃんと勉強もしないとな。

母　そうですね。私どもも、高校だけはちゃんと行かせてやりたいと思ってるんです。ぜひご指導お願いします、先生。

貧困の実態

家に帰り、家族で今日の三者面談の話になりました。

生徒　部活、今からでも入れるかなぁ……。

母　ごめんね。だけど、あなたが家にいてくれると助かるし、部活はちょっときついかな。

父　しかし、その担任も、もう少し気を遣ってくれてもよさそうなものだけどな。部活や塾は義務じゃないんだから。お金さえかからなきゃ、うちだってやらせてやりたいんだよ。

母　まだ若い先生だし、今どきの人は苦労を知らないから。

父　でも、家の経済状態はちゃんと担任にも知っておいてもらって、配慮してもらったほうがいいんじゃないのか？

母　そうね……。

翌日、母親は、学校へ電話をし、「実は経済的な困難さで部活も入れず、スマホもないので、今後は、その点に配慮した物言いをしてほしい」ということを伝えました。

先生は、こうした相談が保護者からあったことを教頭に伝えるとともに、スクールロイヤーの弁護士にも相談することにしました。

弁護士　物言いに配慮することは大切ですが、それによって彼の生活が変わるわけではないですからね、根本的には制度の問題ですよね。

教諭　そうなんですよね。

弁護士　部活って、そんなにお金がかかるものなんですか？

教諭　競技によって違いはありますが、土日の遠征費や昼食代、あとユニフォーム以外にもＴシャツとかジャージとかバッグとか揃えているチームも多いです。とくに剣道とか野球とか吹奏楽とかはけっこうお金がかかります。それと、部活仲間と遊びに行くことも多いから、そういう小遣いなんかもかかるとは思います。

弁護士　義務教育でジャージまで自費で揃えさせるんですか？

教諭　私もおかしいと思うんですけど……。

弁護士　部活をしていないと進学に不利になるなんていうこともあるんですか？

教諭　あるとは思います。不利というか、有利ではないという感じですが。

弁護士 友達を通しての情報なども入りにくいでしょうしね……。塾にも行っていないとなるとなおさらですよね。貧困は、本人の責任じゃありませんから、このまま放置はできないですね。

教諭 彼の場合、そんなに極度な貧困ではないと思うんですけどね。両親がいて、父親は普通のサラリーマンですから。それでも、お母さんと妹さんが少し体が弱いとか、お母さんのパートの時間が短いというぐらいで厳しい生活になってしまってるんですよね。

補習授業

弁護士 経済的な理由で塾に行けない子のために補習とかはやらないんですか？

教諭 夏休みにやるのと、平日は地域の学習ボランティアにも手伝ってもらって曜日を決めてやっています。ただ、学校全体でやるとなると、部活動や委員会活動との関係とか、勤務の問題とか、いろいろな調整が必要で、なかなか難しいんです。だいたい、放課後ちょっと教えるぐらいでは、そう簡単には学力の向上にはつながりませんし。

弁護士 なるほど……。

教諭 でも、とりあえず本人に話を聞きながら放課後の補習なんかを考えてみるかな……。困ったことがあったら相談するように話もしたほうがいいだろうし。

弁護士 それはいいことだと思います。まず、当事者の話を聞いてみるのが一番です。

教諭 個人的に相談したり補習したりすると、すぐに「あの子だけズルい」とか言い出す子がいて、また違った面倒も起きるんですけどね。

弁護士 そんなこと言われるんですか？

教諭 言われますね。そこは普段からちゃんと先生が生徒たちから信頼される言動をしていて、生徒が納得できる説明ができればクリアできる問題ではあるんですけど。

弁護士 そのへん、生徒はちゃんと見分けるんでしょうね。で、先生は大丈夫ですか？

教諭 うっ……、ど、どうなんですかね……。たぶん大丈夫だとは思いますけど……。

弁護士 それはよかった。じゃあ、頑張ってください。あ、補習というと特別扱いと見なされるなら、学習部とか社会科研究会とか、部活を立ち上げるというのはいかがでしょう？

教諭 なるほど、それはいいかもしれないですね。そうすれば、もっと勉強をしたいけど塾には通えないという他の子たちも一緒にできますもんね。

[解説]……平等の考え方と配分的正義

本事例は、経済的に余裕がない家庭で育つ生徒が部活動への入部をあきらめる話をきっかけに展開され、塾や補習にまで話が広がっていますが、このような話は、多くの学校で問題となっているテーマであると思われます。

この解説では、本事例を題材にして、学校という制度のもと、裁量が限られた個々の教員が一部の生徒に対し個別指導を行うことなどについて、「平等」との関係をどのように考えるべきか、他の生徒、保護者からいかに理解を得るかといった点について「合理的な配慮」「配分的正義」という法的視点を示しながら、検討していきます。

1 平等についての法的な考え方

本事例では、「平等」についての考え方が大きなテーマのひとつになっていますので、この点から検討していきます。

人は誰もが平等に幸福を追求する権利をもっており、そのために欠かせないもののひとつが「平等」です。「平等」に関する権利は日本国憲法においても保障されており、表現活動、経済活動に対する制約をはじめ、さまざまな人権制約の場面で問題となりえます。

日本国憲法

14条1項　すべて国民は、法の下に平等であつて、人種、信条、性別、社会的身分又は門地により、政治的、経済的又は社会的関係において、差別されない。

では、「平等」とはどのような状態をいうのでしょうか。

まず、誰もが同じように取り扱われ、同じように機会を与えられることであるという考え方があります。これまで実施されてきた国立大学のセンター試験のように、受験者の学力を点数化し優劣をつけることが目的であれば、誰もが同じ試験を同じように受けられることが求められます。このような平等を機会の平等、法的には「形式的平等」と呼んでいます。

もっとも、機会の平等が保障されれば、正義・公平に適うかというと必ずしもそうではありません。人にはそれぞれ個性があるように、一人ひとり性別・年齢・社会的地位・経済水準などが異なり、保護すべき要請も異なります。ですから、たとえば奨学金について、収入が大幅に異なる家庭に対しその差異を考慮せず一律同額の支払いを認めるという制度では、不公平感が否めません。むしろ、それぞれの家庭の生活水準や生徒の学習意欲・能力に応じた異なる取扱いをし、不平等・不公正な結果を是正することが求められます。このような考え方を「実質的平等」と呼んでおり、このような考え方が社会において求められる場面は少なくありません。

日本国憲法では、「平等」について、事実上の差異に着目し、等しいものは等しく、等しくないものはその差異に応じて取り扱うべきと考えられており、そのような取扱いにより、実質的平等の実現を図ろうとしています。

2　学校教育における平等のあり方

学校教育においては、形式的平等、実質的平等いずれが強く要請されるのでしょうか。むろん、抽象的にいずれかを選択できるものではなく、ケース・バイ・ケースで判断をしていかなければなりません。

もっとも、本来、教育において重要なのは、教員が生徒たちの個性を理解し、それぞれの長所や強みを伸ばし、短所や弱みをいかに克服するかについて生徒たちとともに試行錯誤していくことであり、そのような営みの中で生徒たちの人格は形成されていきます。

一部の進学校では、一時期、有名大学への合格率を上げるために躍起になり、受験に強い学力をつけることに偏重した教育が行われ、生徒たちの個性を育てることより重視された風潮がありました。しかし、スポーツが得意な生徒、クラスのムード作りが得意な生徒、斬新なアイデアで絵を描ける生徒など、それぞれの生徒には大事な個性があり、それらの個性には受験に強い学力とは比較できない価値があります。そのような一人ひとりの個性を理解し、育てるためには、生徒ごとの違いに着目した異なる対応をすることにより、「実質的平等」の実現を図ることこそ重要であるといえるのではないでしょうか。

3■「合理的な配慮」という考え方

そのような実質的平等という考え方が法律で具体化され、社会に求められている例があります。それが、前の事例でも言及のあった、障害者差別解消法に基づく、「合理的な配慮」という考え方です。

この考え方について、内閣府では、「障害のある方が日常生活や社会生活で受けるさまざまな制限をもたらす原因となる社会的障壁を取り除くために、障がいのある方に対し、個別の状況に応じて行われる配慮」をいうと説明しています。車椅子を利用する従業員に対して、満員電車の時間帯を避けたオフピーク通勤や在宅勤務を認めるのはその一例です。

この法律は、適用を受ける「障害者」の範囲を「心身の機能の障害がある者」に限っていますが（なお、障害者手帳を持っている人に限ってはいるわけではありません）、日常生活を営むうえでの社会的な障壁は多岐にわたっており、経済的に厳しい生活を強いられていることは、広い意味であれ社会的な障壁のひとつに数えられるといえます。

そのような社会的な障壁を取り除くために個々の状況に応じて配慮するという考え方は、学校教育においても積極的に取り入れるべきであり、そのような対応をすることで、形式的平等が後退するのはやむをえない面があります。

4　本事例について

(1) 教育の現場の難しさと配分的正義

ここまで、実質的平等、合理的な配慮という考え方を説明してきましたが、ここで、塾に通う経済的余裕のない家庭で育つ生徒に対し教員が個別に相談や補習をすることは、「あの子だけズルい」と言われるような、平等の観点から問題がある指導なのかについて具体的に考えてみたいと思います。

そもそも、教員が40名近いクラスの生徒全員に対し、個性に応じた手厚い教育を実施することができればよいですが、現実的には教員の過重労働が社会問題化しており、教員が授業・部活・研修・職員会議などをこなしながらそのような教育を実施することは容易ではないでしょう。教育にかけられる社会資源は限られており、時間もマンパワーも足りません。本件のように教員が任意に行う補習となれば、義務として行われる授業等より優先順位も下がらざるをえません。

本件での補習等に不満をもつ生徒やその保護者には、まず、このような実情、すなわち、教育にかけられる社会資源が限られており、生徒たち全員が満足するように提供することは容易ではない、という現実を認識してもらうことが大切です。子どもたちのために就労する教員は過重労働をすることもやむをえないという風潮がありますが、そのような認識は改めてもらわなくてはなりません。教員にも自由・権利があり、それを主張し議論できる環境作りをすることが、子どもたちの権利意識・法的思考を養うきっかけにもなります。

そのうえで、その限られた社会資源をいかに配分するのが適切か（正義に適うか）という考え方が必要となります。この考え方は、身近な例で言えば小中学校の限られた広さの校庭を誰がどのように使用するかという問題に当てはまりますし、国の税収をどのように配分するかという問題にも応用できます。その配分の適切さによって教育に対する生徒たちや保護者の納得感も大きく変わってくるでしょう。

この点に関して、一つの確立したルールがあるわけではありませんが、「必要性」「能力」「適格性」といった判断要素が役に立ちます。一例を挙げると、就労が困難で所得が低い人には生活保護費の受給が認められるべきですが（必要性）、他方、収入の高い人に高い税率の税金が課されてもやむをえないといえます（能力）。また、営業成績を上げ会社に貢献した会社員が高額のボーナスを得られることについても理解できるのではないでしょうか（適格性）。これらの判断要素は社会における多くの場面で応用できますが、生徒の補習、個別指導をいかに行うかを判断するうえで、業績や功績などの意味をもつ「適格性」という判断要素を用いることは必ずしもふさわしいとはいえないため、ここでは用いないこととします。

(2) 実質的平等を実現するための補習授業

本件事案に出てくる生徒は、両親がおり、父親が普通のサラリーマンとして勤務しているため、一見すると平均的な所得の家庭であるとみられ、就学が困難な貧困層であることを見落とされがちです。しかしながら、この家庭においては、母親の身体が弱く、妹に持病があることで通院する医療費や交通費などがかかる一方で、母親がパートとして勤務する時間が短く世帯収入が低いことなどから、経済的に厳しい生活を強いられています。その結果、この生徒は部活動に入部することができず、スマートフォンの購入や塾通いもあきらめなければならない状況です。

その生徒の成績が芳しくないのであれば、学習の機会が提供される必要がありますが、上記のとおり生活が経済的に厳しいため、その機会を塾など学校教育以外の場で確保するのは難しいでしょう。そのような状況の中、生徒に学習の機会が与えられないまま放置されてしまうと、その後の成長過程において学力を取り戻すことはより難しくなります。そのため、できるだけ早い段階で教員が補習や個別指導を行うなどして、この生徒に対して学習の機会を確保し学力を補う必要性が高いといえます（必要性）。

仮に、この生徒に補習や個別指導を行うことで、他の生徒が補習を受けられなくなったとしても、他の生徒が家族などの協力を得て学習の機会を確保できるのであれば（能力）、他の貧困世帯の生徒がないがしろにされない限り、上記「必要性」「能力」の観点からやむをえないといえます。ですから、一応の結論としては、本件で教員が補習・個別指導をすることは、教育資源の配分として適切であり、実質的平等を実現するために必要であるといえそうです。

むろん、この生徒や家庭におけるプライバシーの問題がありますから、ある生徒の経済状況等に関する事実関係について他の生徒に詳しく説明するわけにはいきませんが、教育における資源が限られており、その資源の適切な配分が要請されること、その要請により機会の平等の要請が後退せざるをえない場合があること、その調整の中で教員として考えうる最良の判断をしており、他の生徒をないがしろにしているわけではないことを説明することで、一定の理解を得られるのではないでしょうか。

5　相対的貧困、社会的排除について

ここまで、経済的に厳しい生活が強いられている家庭で育つ一人の生徒の事例を検討してきましたが、このような家庭、いわゆる相対的貧困層は、わが国において少なくありません。2019年における「国民生活基礎調査」によると、2018年の「相対的貧困率」は15.4％であり、昨今、「相対的貧困率」の高さが社会的にも問題となっています。しかも、このような相対的貧困層とそうでない層の格差は固定化しがちであり、貧困の連鎖となりかねません。

本事例をもとに生徒の立場から考えますと、以下のような連鎖の危険性

があります。すなわち、本件の生徒は、上記のとおり、家庭に経済的な余裕がないことが原因となって部活動に入部することができません。部活動に入ると、ユニフォーム、ジャージ、バッグ等を揃える必要があったり、食事代、さらには遠征費などがかかるなど、思いのほか費用がかかります。また、このような家庭において、生徒は、初期費用に加え毎月の通信料等がかかるスマートフォンを購入・使用することや塾通いをすることもあきらめざるをえません。

そのような生徒には、他の多数の生徒が当たり前に行っていることを希望しているだけなのに、なぜ自分だけ許されないのだろうかといった不安・不満が生じます。そのような状況が継続すれば、「どうせ自分だけは認められない」という思いが募り、自己肯定感が損なわれ自己実現の意欲も低下しかねません。

また、そのような生徒にとって、部活動を通じて結束している仲間の輪に入ることは容易ではなく、孤立しがちになったり、スマートフォンを使用できないことで生徒や保護者同士の連絡の仕組みから漏れ、コミュニケーションが不足しがちになったりします。そのぶん出費が抑えられる自宅で生活する時間が増え、徐々にクラスメイトや仲間と距離ができてしまうこともありうるでしょう。

上記のとおり、その生徒の成績が芳しくないとすれば学習の機会の提供が必要となりますが、その機会を学校教育以外の場で確保するのは難しいため、塾通いをする生徒に比較して相対的に学習の機会は減り、人一倍努力しないとその学力を補うのは難しくなります。部活動での経験がないことも重なり、進学にまで影響しかねません。

このように、一つひとつの要因が積み重なることで、生徒は、学校という社会から遠ざかり、他の生徒との格差が生じ、徐々にその格差が開いていくこととなりますが、格差を埋めるまで挽回するのは難しく、その後の進学ひいては就職にまで影響すると言っても過言ではありません。

このような貧困の連鎖は早急に断ち切る必要がありますが、本件のように教員が生徒に対し個別かつ任意に補習や指導を行うことで学習の機会を確保するという方法には、限界があります。その対策のひとつとして、本事例に挙げられているように、学習部や社会科研究部などという名称で、生徒に学習の機会を提供する部活動を立ち上げる方法が有効といえるかもしれません。学習意欲や動機がある生徒に学習の機会を提供する場を、部活動という学校制度の既存の枠組みに組み込むことで、生徒・保護者・教員その他の関係者からの理解を得られやすく、かつ、その実現の可能性も高まると思われます。

8　教師の人権

ある中学校の放課後、サッカー部の顧問の先生が着替えてグラウンドに降りようとしていたところ、見覚えのある女性が近づいてきました。担任をしているＡくんの保護者のようです。

学校教育の役割とは？

教諭　あ、Ａくんのお母さん、こんにちは！

保護者　先生！　ちょうどよかった！　ちょっとご相談したいことがあるのでお時間よろしいですか？

教諭　（まいったなー。部活があるけどむげに断ることもできないし……）……大丈夫ですよ！　どうかしましたか？

保護者 その……、息子のことで……。

Ａくんの母親が言いづらそうにしているので、先生は誰もいない教室へと案内しました。

教諭 何かありましたか？

保護者 実は最近子どもと関係が悪くて、いつもけんかになってしまうんです。塾からの帰り道が心配なのでスマホを買ってあげたのですが、ずーっとスマホをいじっていて、勉強時間が少なくなってきているような気がして。それで注意すると、反抗期もあってなかなか素直に言うことを聞いてくれず、困っています。現にこの間の期末考査では、前回より点数が下がっているんです。

教諭 （またスマホ関係か。最近多いな）学校ではお家でルールを作りましょうと呼びかけていますが、ルールなどは作られていますか？

保護者 もちろんです！　スマホは塾以外のときは10時以降触らない、使う場合は親の目の前で使う、ときどき親がスマホの中身をチェックするというルールのもと買い与えました。

教諭 それはＡくんと一緒に考えられたのですか？

保護者 いいえ。お金を払うのは親なので、私が一方的に決めて、その内容を子どもに納得させました。

教諭 そうですか……。

保護者 はじめは取り上げたりもしたのですが、もう息子のほうが力も強くて太刀打ちできないし、かといってスマホを解約すると塾の帰り道に何かあったときが心配だし……。先生のほうからも指導をお願いできないですか？

教諭 でもこれは、家庭でのしつけの問題ですよね？　スマホを持つ持たないは家庭の自由ですし、それぞれのご家庭で解決していただくほかは……。

保護者　今までの先生は対応してくれましたよ？　他の保護者も同じような内容で相談しているし。そもそも勉強をするように指導するのは学校のやるべきことですよね？　教育は家庭と学校の連携が大切なんですよ。そうでしょう？　先生？

教諭　……わかりました。明日の放課後にでもＡくんと話をしてみますね。

教師の時間外労働

翌日、先生は、ちょうど学校に来ていたスクールロイヤーの弁護士に、昨日の保護者の話をしました。

弁護士　先生、なんで引き受けたんですか？　そんなことに学校が口出ししなきゃいけないなんておかしいと思わないのですか？

教諭　そりゃ思いますよ。でも、自分のクラスの保護者だし、関係を悪くすることは得策ではないと思っているから……。

弁護士　それだと、学校や先生は必要以上の仕事を抱え、本来の教育活動ができなくなってしまいますよ？

教諭　ここで私が「それは家庭の問題ですから」と言って突き放したら、もめにもめてもっと時間や労力を割くことになるじゃないですか。しかも、それが管理職に知られたら「保護者ともめるダメ教師」と思われて収入に影響が出てしまいます。放課後の個別指導で済むのならそっちのほうがいいですよ。

弁護士　管理職？　公務員でもお給料が変動するんですか？

教諭　勤勉手当（ボーナス）は私たちの勤務成績に応じて支給されるので、管理職からの評価が下がると減ってしまいます。

弁護士　けど、その指導って勤務時間外じゃないですか？　そもそもその相談自体も勤務時間外だったわけですよね？

教諭　勤務時間外と言われても、ほとんどの先生はそんなこと気にしていないと思いますよ。そもそも、私たちの仕事は勤務時間内に終わるような仕事量ではないですし。勤務時間外の労働はもはや当たり前ですね。

弁護士　しかし、やはり家庭の問題ですから、学校側から親と子が向き合うように促したほうが、親や子にとって良い結果になると思いますよ？　そうすれば、その子の問題行動も減って、保護者からの「うちの子をなんとかしてくれ」という訴えも減って、時間的な余裕が生まれるのではないですか？

教諭　それは理想論に近いですよ。促したところで、離婚してシングルで育てている家庭や共働きの家庭も多くて、時間をかけて子どもと向き合う時間がないのでうまくいくとは思えない。子どもと向き合って子どもをしつけられるのなら、そもそも学校に訴えてこないですよ。もし、仮にそれで解決したとしても、またほかの同じような内容を学校に相談してくると思いますよ。

弁護士　教育基本法では第１条で、「教育は、人格の完成を目指し、平和で民主的な国家及び社会の形成者として必要な資質を備えた心身ともに健康な国民の育成を期して行わなければならない」としています。また、教育基本法第２章「教育の実施に関する基本」では、家庭教育についても書かれています。そこから考えると今回のケースは間違いなく保護者の要求がおかしいと思うんですが。

教諭　それでも学校の文化からすると自分のとった行動は間違いではないと思います。おそらく、多くの先生が僕と同じような行動をとるはずですよ。

学校の文化を見直そう

弁護士 そもそもその「学校の文化」には、おかしな点がいっぱいあると思います。先生は自分たちの人権が侵害されていることに気づいていますか？

教諭 え⁉　人権が侵害されている？

弁護士 たとえば職員会議などで先生同士で議論したりすることはありますか？

教諭 ほとんどないですよ。うちの学校は職員会議ではなく職員連絡会なので、上で決まったことが職員に伝達される場になっています。

弁護士 それっておかしくないですか？　一部の人だけでものごとが決まり、そのほかの人は発言する機会も与えられていない。発言する権利や意思表示する権利が侵害され、民主主義の視点から考えればものすごくおかしいと思います。

教諭 確かにそうだな……。でも時間が短くて助かるけどな……。

弁護士 効率化されているように思いますが、最も大切な部分が保障されていないのでは本末転倒ですよ。

教諭 ……。

弁護士 ほかにもありますよ。この間の研修会議資料を見せていただきました。会議の終了時間が休憩時間に設定されていました。もしも休憩がとれなかったら、これは立派な労働基準法違反にあたります。休憩時間にまで労働を強制されていると同じことです。

教諭 ……。気づかなかった。みんな当たり前のようにその時間まで研修していたな……。

弁護士 たぶん、先生方の人権侵害や、違法なことはもっとあると思います。このようなことが日常化し、異常さに気づかないと、それを当たり前のものとして子どもたちに教えたり、押しつけたりすることになるのではないのでしょうか？

教諭　それは……そうかも……。ある学校では、先に帰ろうとすると「もう帰るの？」と先輩教諭に言われたり、小学校では遅く残っている先生が良い先生のような習慣が残っていたりと聞いています。

弁護士　まずは先生方が正しい人権意識や法的な視点を理解することで、日々、目の前にいる子どもたちにもその大切さが伝わるはずです。教科の専門性も大事ですが、根底にある人権意識や民主主義などをもう一度考えるべきだと思います。先生たちの仕事は、他の仕事ではできない、未来の人材を育てることができる重要な仕事なのですから。

教諭　すごい大切なことを見落としていたことに気づかされました。ただ、今から憲法の理念や民主主義について学び直すのは厳しいし、時間もないんですよね……。

弁護士　そのために私たちがいますので安心してください。今回の件のように、何かあれば法的な視点や民主主義から見たりするとどうなのかは、アドバイスすることができます。もちろん、現実にはそれが正しいからと言って、すぐに実行できるわけでもありません。そこを一緒に考えていけると教育現場も変わり、ひいては日本も変わっていくことになると思います。

教諭　そうですね。生徒だけじゃなくて教師も含めてみんなの権利が守られるようになれば、誰かが我慢しなくちゃいけないってことは減っていくでしょうね。

弁護士　これから多くの先生がこのような考えに変われば、大きな力になっていくと思います。まずは身近な学年の先生や親しい先生を中心に広めていきましょう。

教諭　では、さっそくですが、今日の職員連絡会も同席してみてもらってもいいですか？

弁護士 もちろんです！　でも、今日の放課後は職員会議があるのに、Aくんに生徒指導する時間はあるんですか？

教諭 あ！　しまったー！

［解説］学校教育の役割

1 教育とは

教育というと、「学校」を思い浮かべることが多いと思います。確かに、学校は、子どもたちが等しく教育を受けることができる場所であり、なくてはならないものです。憲法も、保護者に対し、普通教育を受けさせる義務を定め、義務教育は無償とすることを定めています（憲法26条2項）。しかし、教育は、一人ひとりが、その個性を伸ばして自立的な主体になるためのものであり、人が豊かな人生を送るためにも必要なものです。すなわち、教育は生涯にわたるものであり、意識的、組織的に行われる学校教育だけが教育ではありません。

そこで、ここではまず、家庭教育と社会教育について考え、その後に、教員の負担が過大になっている学校教育についてみていきたいと思います。

2 家庭教育

(1) 基本的な役割

子どもは未成熟であって、将来に向けて成長し発達する存在です。子どもは、生まれた後、まずは親（ないし保護者）との関わりの中で、他者との信頼関係の構築や、人と人とのコミュニケーションの図り方などを学んでいきます。基本的な生活習慣等を身につけるのも、家庭における教育といえます。また、人としての生き方という抽象論についても、親ないし保護者から具体像として伝えられるということもあるでしょう。

子どもは、最小単位である家庭という社会の中で成長し、地域やさらに広い社会につながっていくのであって、家庭教育は、人の基盤を作るものといえます。

(2) 法によって定められる役割

法的側面からみると、成人に達しない子は、父母の親権に服し（民法818条）、親権を行う者は、子の利益のために子の監護及び教育の権利を有し義務を負っています（民法820条）。「親権」という言葉ではありますが、子を保護し、養育する義務を果たすことが求められており、そのための権利と考えられます。

そして子どもの権利条約（児童の権利の関する条約）や教育基本法では、子の教育について第一義的に責任を負うのは父母その他の保護者であるとして、以下のように定めています。

子どもの権利条約

18条1項　締約国は、児童の養育及び発達について父母が共同の責任を有するという原則についての認識を確保するために最善の努力を払う。父母又は場合により法定保護者は、児童の養育及び発達についての第一義的な責任を有する。児童の最善の利益は、これらの者の基本的な関心事項となるものとする。

教育基本法

10条　①父母その他の保護者は、子の教育について第一義的責任を有するものであって、生活のために必要な習慣を身に付けさせるとともに、自立心を育成し、心身の調和のとれた発達を図るよう努めるものとする。

②国及び地方公共団体は、家庭教育の自主性を尊重しつつ、保護者に対する学習の機会及び情報の提供その他の家庭教育を支援するために必要な施策を講ずるよう努めなければならない。

父母は、一人の大人として信念や価値観をもっています。また、保護する特定の子どもとの長く深い関係により、その子をよく理解している者でもあるといえます。親が子の教育について第一義的に責任を負うということは、親が、その信念や価値観をもとに、子のために何が有用かを判断するということです。その意味で、親には子の教育の自由がありますが、最終目標は、子を自立した主体となるよう、そして、豊かな人生を送れるよう成長・発達させることにあります。

3 社会教育

子どもは、家庭と学校のほか、地域社会でも生活を送るのであり、近隣の大人との挨拶や交流も社会教育のひとつといえます。また、社会教育としては、社会における教育施設や学習の機会の提供などが考えられます。

(1) 法による定義

社会教育法においては、社会教育は、主に青少年および成人に対する組織的な教育活動で、学校の教育課程以外のものと定義されています。

教育基本法

3条　国民一人一人が、自己の人格を磨き、豊かな人生を送ることができるよう、その生涯にわたって、あらゆる機会に、あらゆる場所において学習することができ、その成果を適切に生かすことのできる社会の実現が図られなければならない。

12条　①個人の要望や社会の要請にこたえ、社会において行われる教育は、国及び地方公共団体によって奨励されなければならない。
②国及び地方公共団体は、図書館、博物館、公民館その他の社会教育施設の設置、学校の施設の利用、学習の機会及び情報の提供その他の適当な方法によって社会教育の振興に努めなければならない。

社会教育法

2条　この法律において「社会教育」とは、学校教育法（昭和22年法律第26号）又は就学前の子どもに関する教育、保育等の総合的な提供の推進に関する法律（平成18年法律第77号）に基づき、学校の教育課程として行われる教育活動を除き、主として青少年及び成人に対して行われる組織的な教育活動（体育及びレクリエーションの活動を含む。）をいう。

社会教育は生涯学習の言葉に置き換えられることが多く、現在、大人対象のものとして用意されていることが多いように感じられますが、家庭と学校以外の場において、子どもが学習できる場を設けることは、保護者や教員ではない大人や、家族やクラスメイトでない子どもとの交流が生まれ、子どもの成長発達において、大きな意味をもつと考えられます。

(2) 子どものための学校外の施設

現在、子どものための学校外の施設としては、児童館や放課後学童クラブがあります。児童館は、児童に健全な遊びを与え、健康の増進や情操を豊かにすることを目的とした児童厚生施設であり（児童福祉法40条）、放課後児童クラブは、児童の健全育成を目的とした施設です（同法21条の10）。いずれも児童福祉法に基づく施設であり、安全な保護とともに、遊び等によって子どもの育成を目的としています。

ところで、遊びは、子どもの自主性・自立性を育むものですから、子どもの福祉であるとともに、教育でもあります。したがって、これらの施設は、子どもの社会教育のためにも重要な施設ということができます。文部科学省も、厚生労働省とともに、福祉と教育双方の側面から放課後学童クラブを捉える「新・放課後子ども総合プラン」（平成30〔2018〕年9月14日通知）を発出しています。

部活動についても、社会教育として、地域に活動施設を設けて実施することが考えられます。現在、教員が引率している演劇やコンサート等の文化的活動についても、社会教育として実施して、子どもが参加する形が考えられるところです。

4 学校教育

(1) 学校制度

家庭教育の項で述べたとおり、家庭教育は重要であり、保護者が第一義的に子の教育に関する権利を有するといえますが、家庭は多様であり、経済的あるいは人的余裕がない家庭もあります。また、一般的には、家庭において体系的な教科教育を施すことは困難です。さらに、社会を担う力を身につけるためには、家庭よりも大きな集団における教育が有用ともいえます。そこで、子どものための体系的・組織的な教育として、学校制度が敷かれています。

学校の役割については、教科学習を中心とする国もありますが、わが国では、知育（教科）、徳育（道徳、特別活動）、体育（体育、部活動）の３要素のほか、幅広い内容が教育の目標として設定されており、学校にはそれらの目標達成が求められています。

教育基本法

２条　教育は、その目的を実現するため、学問の自由を尊重しつつ、次に掲げる目標を達成するよう行われるものとする。

⑴幅広い知識と教養を身に付け、真理を求める態度を養い、豊かな情操と道徳心を培うとともに、健やかな身体を養うこと。

⑵個人の価値を尊重して、その能力を伸ばし、創造性を培い、自主及び自律の精神を養うとともに、職業及び生活との関連を重視し、勤労を重んずる態度を養うこと。

⑶正義と責任、男女の平等、自他の敬愛と協力を重んずるとともに、公共の精神に基づき、主体的に社会の形成に参画し、その発展に寄与する態度を養うこと。

⑷生命を尊び、自然を大切にし、環境の保全に寄与する態度を養うこと。

⑸伝統と文化を尊重し、それらをはぐくんできた我が国と郷土を愛するとともに、他国を尊重し、国際社会の平和と発展に寄与する態度を養うこと。

６条　①法律に定める学校は、公の性質を有するものであって、国、地方公共団体及び法律に定める法人のみが、これを設置することができる。

②前項の学校においては、教育の目標が達成されるよう、教育を受ける者の心身の発達に応じて、体系的な教育が組織的に行われなければならない。この場合において、教育を受ける者が、学校生活を営む上で必要な規律を重んずるとともに、自ら進んで学習に取り組む意欲を

高めることを重視して行われなければならない。

(2) 教員の人権、真の教育

学校に広範な役割が期待されていることもあり、学校現場では、家庭で行うべき基本的しつけや学校外での生活についても学校の指導や対応が求められ、教員の多忙・過負担が問題となっています。

教員も一人の人間であり、労働者です。教員の権利を守る必要があります。学校がブラック企業などともいわれる現状は変えていく必要があります。教員の権利が守られず、教員の生活が損なわれている場所では、子どもの権利も守ることはできないでしょう。そのような状況では、教員が子どもの権利が侵害されていることに鈍感になってしまうおそれもあります。

子ども側からみても、たとえば、社会科で基本的人権や表現の自由を学んだとしても、実際に目の前にいる教員の人権や表現の自由が制限されているのを見聞きしたとすれば、教科で教わったことは机上の空論、絵に描いた餅と受け取られる危険があります。

ア｜中央教育審議会の答申

学校の守備範囲が広がり過ぎて教員の負担が増えていることについては、中央教育審議会でも検討され、平成31(2019)年1月25日付で答申「新しい時代の教育に向けた持続可能な学校指導・運営体制の構築のための学校における働き方改革に関する総合的な方策について」が取りまとめられました。同答申では、学校や教員の過重負担を減らすために、これまで学校が担ってきた業務を、以下の3つに分類しました。

① 学校以外が担うべき業務
　登下校に関する対応、放課後から夜間の見回り、補導の対応
　学校徴収金の徴収・管理、地域ボランティアとの連絡調整
② 学校の業務だが必ずしも教員が行う必要がない業務

調査・統計等への回答、児童・生徒の休み時間における対応、校内清掃、部活動

③　教員の業務であるが負担軽減が可能な業務

給食時の対応、授業準備、学習評価や成績処理、学校行事の準備・運営、進路指導、支援が必要な児童・生徒・家庭への対応

①のうち、登下校や放課後の見回りは、学校外におけることがらですから地方公共団体や地域住民、保護者が対応することが相当でしょう。また、補導の対応は、第一義的な教育責任を負っている保護者が対応すべきものと考えられます。学校徴収金の徴収・管理は、地方公共団体の職員の業務とすべきです。すでに、学校給食費を地方公共団体の予算に組み入れる公会計方式をとっているところもあります。

②の中でとくに問題になっているのは、中学校・高等学校の部活動です。部活動の設置は法令上の義務ではありませんが、現行学習指導要領は、自主的・自発的な参加により行われる部活動は、学習意欲の向上や責任感・連帯感の涵養に資するとしており、ほとんどの中学校および高校において部活動が設置されています。その結果、多くの教員が部活動の顧問を担っており、早朝、放課後の練習や土日の試合など時間外の業務が多く発生しています。部活動のために教科教育のための時間が確保できないとしたら本末転倒です。さらに、休日がとれない、家庭生活に支障が出るなどの事態に至っては、人としての権利、労働者としての権利が侵害されているのですから、是正が必要です。

イ｜スポーツ庁のガイドライン

部活動については、平成30（2018）年3月、スポーツ庁が、「運動部活動の在り方に関する総合的なガイドライン」を定めており、活動時間の制限や休養日の設定を求めています。教員の負担軽減のために、部活動指導員の制度も導入されました。さらには、地域における社会教育との連携を図っていくことも考えられます。

学校教育における主メンバーは教員ですが、学校という組織は、教員以外の職員や専門家がもっと関わってよいはずです。具体的には、事務職員の増員、スクールカウンセラー、スクールソーシャルワーカー、スクールロイヤー、部活指導者の活用等が考えられます。

中央教育審議会の前述の働き方改革の答申においても、「環境整備」として、「スクールカウンセラー全公立小中学校配置」「部活動指導員」「サポートスタッフの配置促進」「スクールロイヤーの活用促進」などが挙げられています。

6 本事例について

(1) ルールの決め方

本事例では、家庭における携帯電話の使用ルールが問題になっています。

まず、ルールはなぜ必要なのでしょうか。社会にはさまざまなルールがありますが、多様な人の利害の調整や、不利益や危険を防止するためなど、その目的はさまざまです。また、そのルールが人の行動や権利を制限するものである場合には、目的を達成するためにその制限が必要かという観点も必要です。さらに、利害の対立する人同士の間で、そのルールが実効性をもつためには、お互いが納得できるかどうかも重要です。これを、親がお金を払うからといって、何ら子の意見を聞かず親の権限として一方的に定めるのでは、ルールの決め方として好ましくありません。

本事例の場合も、携帯電話の使用について、なぜルールが必要なのか（たとえば、勉強や家族団らんの時間の確保のためとか、電話料金の増大を防ぐため、危険な情報から子を守るためなどの目的が考えられます）、その目的のために制限が必要か、必要としてもどのような制限が合理的かについて、親子の間できちんと話し合うことが肝要です。子どもの発達段階によって、話し合いの内容や方法は変わると思いますが、親の考えを説明し、子どもの意見も聞いて、双方納得するというプロセスが必要です。このような機会を経ることによって、子どもはルールの意味を理解することになり、ルールの必要性について本人が納得すれば、ルールを守ることにもつながります。

親の教育の権利・責任という面からも、教育の最終目標は、子を自立した主体となるよう成長・発達させることですから、親が一方的に決定して子を従わせるのではなく、決定にあたり、コミュニケーションをとり、子どもが自分の意見を形成し、それを表現する能力を身につけさせることが、教育として本質的に必要なことといえます。

(2) 本事例への対応

本事例では、保護者から、家庭における携帯電話の使用ルールについて、学校での指導を頼まれています。しかし、家庭におけるルールは、家庭において決めるべきものです。子どもに対する教育の第一時的な責任・権利は保護者が有しており、ルールをきちんと決めること自体も教育です。

学校・教員としては、保護者からの依頼により保護者の肩代わりをして個別の指導をするのではなく、(1)で述べたルールを決めることの意義などを、子どもや保護者に対して伝えることが大切ではないでしょうか。

ア｜教員の労働者としての権利

保護者の肩代わりは、教員側の労働者としての権利の侵害という点でも重大な問題です。「子どものためだから」というマジックワードで、何でも教員の仕事にさせられる現実を変えていく必要があります。

この事例の保護者のように、「これまでもやっていた」とか、「他の教員はやっている」と言われることもあると思いますが、教員に過剰な負担をかける制度は、教員を疲弊させ、持続可能性がなく、結局、「子どものため」にもなりません。教員の負担を軽減する働き方改革が必要なことは社会でも認知されてきています。

これまでのやり方を変えていくためには、教員間の意識の共有やそのための話し合いも必要になると思います。

イ｜職員会議

学校の職員会議については、2000年の学校教育法施行規則改正で初めて法的根拠が定められました。

学校教育法施行規則
48条　①小学校には、設置者の定めるところにより、校長の職務の円滑な執行に資するため、職員会議を置くことができる。
②職員会議は、校長が主宰する。

学校教育法施行規則48条は小学校に関する規定ですが、中学校や高等学校などにもこの規定が準用されています（中学校は79条、高等学校は104条）。

職員会議の性質については、いくつか異なる考え方がありますが、仮に、職員会議は校長が主宰するという条項のために、教員一人ひとりが自分の考えを発言することができない、あるいは教員間で議論ができないということがあるのであれば、民主的な組織とはいえず、また、子どもたちに話し合いの重要性を伝えることもできません。そこで、規則のほうを変えることが考えられます。

規則すなわちルールは、より良い社会を作るためのものですから、あるルールを作った結果、望ましくない事態が発生したならば、私たちは、より良いルールを考えていく必要があります。ルールは変えられるのです。

7■すべての者の権利が守られる学校に

教員の人権すなわち一人の人としての権利がきちんと考えられる学校でこそ、子どもの権利も守られることになるはずです。

教員の新しい
“働き方様式”のために

上越教育大学　中平一義

1　はじめに

近年、教員採用試験倍率が低下しています。2020年度に行われた公立学校教員採用試験の倍率（総受験者数の合計÷最終合格者数の合計）の全国平均は3.6倍という低倍率（たとえば、福岡県小学校1.3倍、東京都小学校1.9倍など）でした。前年と比較して倍率が下がった県や市などは53%もあります[1]。もちろん、校種や教科により高倍率の自治体も存在します（たとえば、新潟県高校合計10.9倍、香川県養護教諭48倍など）。しかし、全国の受験者総数は2012年度以降で最も低くなっています。この低倍率には、いくつかの理由が考えられます。たとえば、社会経済状況により一般企業の採用数が増加したことで、相対的に教員志望者数の減少が生じていることがあります。文部科学省は、採用者数が2000年以降の採用者数はほぼ一貫して増加しているとし、大量退職に伴う新規採用者数の増加が倍率の低下の要因としています[2]。

しかし、本当に社会経済状況の変化や大量退職・大量採用だけが教員採用試験倍率の低下の要因なのでしょうか。近年、教員の働き方に対して、学校内外からさまざまな声が聞こえてきます。たとえば、教員の多忙化（新しい学習指導要領が示されるごとに加わる学校への過大な要求への対応、コロナ禍で新しい生活様式が求められる中で教員に学校内の消毒を行わせている実態な

1　教育新聞「【2021年度教員採用試験】最終選考実施状況」（2020年11月11日、https://www.kyobun.co.jp/kyosai/k20201111、最終閲覧日2021年２月17日）を参照。

2　文部科学省「令和元年度公立学校教員採用選考試験の実施状況について」（https://www.mext.go.jp/a_menu/shotou/senkou/1416039_00001.html、最終閲覧日2021年２月17日）を参照。

ど）による勤務時間の長時間化、さらに言えば、過労死[3]する教員が存在するという悲しい現実があります。そのような実態が広く社会に伝わることにより、教員をめざしていた学生などがその職をあきらめてしまうということがあるのではないでしょうか。

また、一般的に社会には学校や教員にある種の暗黙のうちに期待する（要求する）教員像があります。たとえば、「教員は子どものためであれば何でもすべきだ」や「教員は子どものために休日を返上して部活動をすべきだ」という期待（要求）です。詳しくは後述しますが、これらの期待（要求）も過大な労働の要因となっています。その結果、理想としての“聖職者である教員像”と、実態としての“労働者である教員”との乖離と連関が複雑に絡み合い、現在の制度や仕組みでは持続困難な状態をもたらしているとも考えられます。

そこで本稿では、教員の働き方について実態を示すとともに、諸外国との比較、さらには近年の対策案について考察します。なお、対象は公立学校の教員とします。

2　教員の働き方の実態

(1)「ある公立中学校教員の一日」からみる教員の日常

次ページの**図表１**は、2021年実施の「仙台市立学校教員採用選考募集案内」（仙台市教育委員会、2021）に示されたある公立中学校教員の１日の勤務事例です。この事例の場合、学校到着時刻から退勤時刻までを勤務時間と考えれば、教員のその日の勤務時間は10時間45分（休憩時間を含む）となります[4]。しかし、1971年制定の「公立の義務教育諸学校等の教育職

3　2007～2016年度に過労死と認定された教職員は63人もいます（2018年４月21日付毎日新聞）。

4　基本的に７時半に授業はありませんが、欠席連絡への対応、登校指導、部活動指導などは日常的に行っています。なお、45分間の休憩について図表１には10分間の休憩時間が記載されています。これが、実際に確保できているのかについては不明です。

図表1　ある公立中学校教員の一日

時刻	業務内容等
7：30	学校到着
8：15	職員打合せ
8：40	ホームルーム
1校時目	授業
2校時目	学級経営事務
中休み	次の授業の準備
3校時目	授業
4校時目	授業
12：40	給食・昼休み
5校時目	授業
6校時目	翌日の授業準備
15：30	休憩
15：40	部活動指導
17：45	事務作業
18：15	退勤

仙台市教育委員会（2021）より筆者作成。

員の給与等に関する特別措置法」（以下、給特法。本稿末尾に全文を掲載）の関係で、勤務時間外[5]に実際に勤務していても教員の自発的行為とみなされて公費支給はされません。

図表1が記載されている募集案内には、正規の勤務時間として「1週間につき38時間45分」と記されています。つまり、本来の勤務時間は、「1日あたり7時間45分」なのです。ところが、同じ募集案内に示された**図表1**に示された教員のロールモデルは、現状の制度では大幅な時間外勤務が生じているのです。これが教員採用試験の受験生への覚悟を促すことを目的としたものなのか、それとも勤務時間超過の事実を広く社会に知らしめ、待遇改善を求める世論を喚起することを目的としたものなのか、あるいは新しい制度

5　公立の義務教育諸学校等の教育職員を正規の勤務時間を超えて勤務させる場合等の基準を定める政令（平成15年政令第484号）によれば、校長が臨時または緊急のやむをえないと判断したとき（職員会議や学校行事など）には、教員に対して時間外勤務を命じることができます。そこに部活動は含まれていません。一般的に、労働者の労働時間の規定は労働基準法により定められてます。同法32条では1週間あたりの労働時間を40時間、1日の労働時間を8時間とその上限を定めています。これらは原則として、公立学校の教員にも適用されます。なお、教職員の具体的な勤務時間は給与負担者である各都道府県および政令市の条例等によって定められます。1日あたり7時間45分の勤務時間に対して、休憩時間は労働基準法34条の規定により、少なくとも45分間は与えられなければなりません。同法34条の教員の休憩規定も順守されているか不安になる勤務事例です。一般的に、学校には昼休みといった昼食後の時間があります。しかし、昼休みとはいえ子どもと面談をしたり生徒会・委員会活動をしたりするなど、一般的な休憩とはいえない時間となっている現状があります。さらに言えば、昼食についても給食指導として子どもたちの教育にあたる時間となっています。つまり、現状では休憩時間を十分に取れていない教員が多く存在しています。

に合わせた働き方を先取りしたものなのか、それとも他の目的があるのかはわかりません。確かなことは、教員の勤務時間が募集要項に記載されることが当たり前のように長時間化していることです。

なぜ、このように勤務時間が長時間化しているのでしょうか。次に、その要因について考えていきます。

⑵ 長時間化する勤務時間の実態

ア｜諸外国との比較——役割から

まず、日本の教員の役割の特殊性と長時間化の要因を考えていくために、諸外国の教員の役割との比較研究を参考にします（国立教育政策研究所、2017）。**図表２**の縦軸は教員の職務内容から「職務が明確であり、それと賃金が連動するジョブ型」を「明確」として、「職務が明確化されずに雇用されるメンバーシップ型」を「曖昧」として分類しています。横軸は、学校における教育活動範囲から「教科の教育を基本とする場合」を「狭」

図表２　諸外国の教職員等指導体制類型

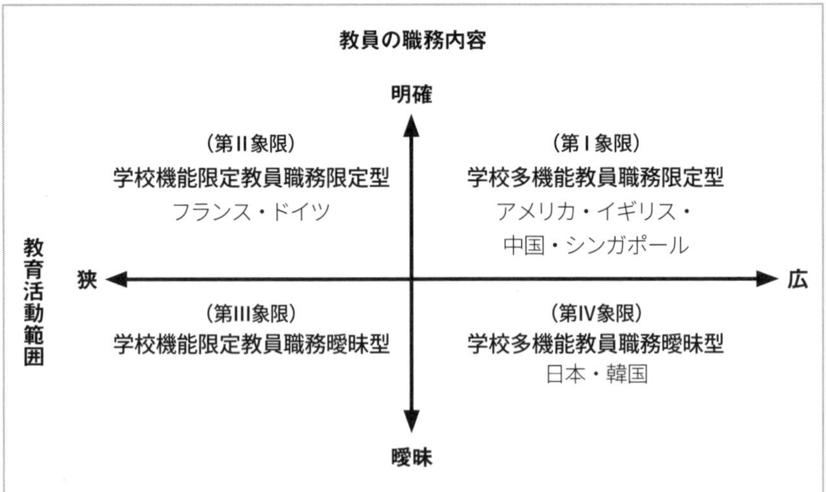

国立教育政策研究所（2017，p.16）をもとに筆者作成。

に、「教科だけでなく、クラブ活動や特別活動などの他の活動を含む場合」を「広」と分類しています。日本は、この四象限モデルで第Ⅳ象限に分類されます。なお、第Ⅲ象限に位置する国は、現実には存在しません。

ここでは、第Ⅰ象限のアメリカ、第Ⅱ象限のフランス、そして第Ⅳ象限の日本の教員に着目し、その役割のうち顕著な違いがみられるものを抽出して比較します[6]。次ページの**図表３**を参照すると、日本の教員が担う役割の範囲が広いことが一目瞭然です。

図表３の業務区分①は、子どもの指導に関わる業務なので教員が担うものであることは理解できますが、それでもアメリカやフランスと日本では大きな違いがあります。さらに言えば、②や③のほとんどが教員の役割ではないアメリカやフランスと比較して、日本の特異さが顕著に現れています。なお、教員１人あたりの子どもの数について、小学校を例にすると次のようになります。アメリカは15人、フランスは19人、日本は16人、OECD加盟国の平均は15人です[7]。人数はそれほど変わらないのですが、**図表３**のように日本の教員の役割は、学校の中と外で子どもたちに関わる多くの活動を担っています。

では、諸外国と比べて日本の教員の仕事が多機能・曖昧なもののすべてを担う要因は何でしょうか。そのひとつには、学校内における専門スタッフの存在の有無が関係します。初等中等教育学校の教員と専門スタッフの人数の割合について、日本では教員が82%、専門スタッフ[8]が18%である

6　各国の教員の役割に関する詳細な分析は、国立教育政策研究所（2017）、pp.15-18を参照。

7　教員数については、文部科学省「図表でみる教育（Education at a Glance）OECDインディケータ　D2学級規模と教員一人当たり生徒数（Education at a Glance 2020: OECD Indicators, table D2.1）」（https://www.mext.go.jp/b_menu/toukei/002/index01.htm、最終閲覧日2021年４月29日）を参照。なお、小学校では2021年度から５年をかけて学級編成を35人に引き下げる「公立義務教育諸学校の学級編成及び教職員の定数の標準に関する法律の一部を改正する法律案」が2021年３月に成立し、同年４月から施行されました。

8　ここでの専門スタッフとは、養護教諭、養護助教諭、栄養教諭、事務職員、学校栄養職員、学校図書館事務員、学校給食調理従業員、用務員等を指します。詳しくは、教職員の働き方改革推進プロジェクト（2018）、p.40を参照。

図表３　アメリカ・フランス・日本の教員の役割比較

業務区分	具体的な業務内容	第Ⅰ象限 アメリカ	第Ⅱ象限 フランス	第Ⅲ象限 日本
児童・生徒の指導に関わる業務	成績情報管理、教材準備（印刷や物品の準備）、課題のある児童・生徒への個別指導、補修指導、体験活動の運営・準備、教室環境の整理、備品管理	○	○	○
	休み時間の指導、運動会、分開催などの運営・準備	○	×	○
	健康・保健指導、カウンセリング、心理的なケア	×	○	○（△）
	欠席児童への連絡、朝のホームルーム、給食・昼食指導、校内清掃指導	×	×	○
	登下校の時間の指導・見守り、教材購入の発注・事務処理	×	×	△
学校の運営に関わる業務	学校広報（ウェブサイト等）	×	×	○
	校内巡視、安全点検、国や地方自治体の調査・統計への回答、学納金の徴収	×	×	△
	予算案の作成・実行、施設管理・点検・修繕	×	×	×
外部対応に関わる業務	家庭訪問、地域のボランティアとの連絡調整	×	×	○
	地域行事への協力	○	○	△

国立教育政策研究所（2017）、p.18をもとに筆者作成。
○は教員の担当とされているもの、△は部分的にあるいは一部の教員が担当する場合があるもの、×は教員の担当ではないものを示す。

一方で、アメリカでは教員が56%、専門スタッフ[9]が44%となっています。第Ⅰ象限に属するアメリカのほうが、職務や役割分担がはっきりとしているのです。たとえば、教員以外の専門スタッフとして、ソーシャルワーカーがいます。ソーシャルワーカーの仕事内容は、「児童生徒や保護者のニーズを見極め、適切なコミュニティを紹介する」「学校と保護者の関係構築のための家庭訪問」「関係する制度や政策を紹介する文書の作成」「福

9　ここでの専門スタッフとは、ソーシャルワーカー、医療言語聴覚士、就職支援員等を指します。詳しくは、教職員の働き方改革推進プロジェクト（2018）、p.40を参照。

祉をテーマとした授業の実施」などです[10]。これらは、日本では教員が担っています。アメリカでは、基本的に教員が家庭訪問をすることはありません。日本と異なりソーシャルワーカーが対応します。このような役割分担は一例に過ぎませんが、アメリカでは教員の仕事の内と外の線引きが明確なのです。それに対し、日本の教員は「職務が明確化されずに雇用されるメンバーシップ型」であるため、業務内容の境界線が曖昧です。そして、その曖昧な部分の多くを教員が担っている状態なのです。アメリカやフランスと比べて日本の教員１人あたりの子どもの数は近いとはいえ、働き方の実態は大きく異なるのです。

イ｜諸外国との比較――勤務時間から

前節のような日本の教員の働き方の実態は、勤務時間にも現れています。そこで、OECD（経済協力開発機構）加盟の48の国と地域が参加して2018年に実施されたTALIS（国際教員指導環境調査、Teaching and Learning International Survey）を参照します。紙幅の都合上、教員の勤務時間の比較の一部しかお示しできませんが、次ページの**図表４**のように日本の小中学校の教員は長時間労働をしており、それは参加国中最長です[11]。勤務時間の中でも、中学校の「課外活動の時間」、小中学校の「事務業務」は、他の参加国と比較しても数倍の時間を費やしています。一方で、「教員とし

10　待遇面についていえば、給与や福利厚生などは教員と同レベルのものが用意されています。佐藤（2018）参照。

11　文部科学省が国内の教員に対して行った2016年度の教員勤務実態調査（https://www.mext.go.jp/component/a_menu/education/detail/__icsFiles/afieldfile/2018/09/27/1409224_002_4.pdf、最終閲覧日2021年４月29日）によれば、１日あたりの学内勤務時間は、小学校が11時間15分、中学校が11時間32分となっており、定められている勤務時間である７時間45分を大幅に超えています。小学校で約30%、中学校の約60%が、月80時間の時間外労働の過労死ラインを超えています。2006年度に行われた同調査では、小学校が10時間32分、中学校が11時間となっており、労働時間はともに増加傾向にあります。この勤務時間には、日々の自宅への持ち帰り仕事の時間や、土日の学内勤務時間が含まれていません。なお、同調査の中に、業務内容別の分析があります。それによれば、2006年度の同調査との比較の中で、2016年度は「授業」「授業準備」「学年・学級経営」が増加しています。加えて中学校では、「部活動・クラブ活動」も増加しています。一方で、中学校で大幅に減少したのは「学校行事」です。

図表４　教員の勤務時間の比較

内容	校種別等	時間（h）
教員の１週間あたりの仕事時間の合計	小学校	54.4
	中学校	56.0
	参加国平均	38.3
授業の指導時間	小学校	23.0
	中学校	18.0
	参加国平均	20.3
課外活動の指導 （例：放課後のスポーツ活動や文化活動）	小学校	0.6
	中学校	7.5
	参加国平均	1.9
一般的な事務業務 （教員として行う連絡事務、書類作成その他の事務業務を含む）	小学校	5.2
	中学校	5.6
	参加国平均	2.7
学校内外で個人で行う授業の計画や準備	小学校	8.6
	中学校	8.5
	参加国平均	6.8
職能開発活動 （例：専門的な文書や書物を読む、他校の見学、オンラインの講義やセミナーなど）	小学校	0.7
	中学校	0.6
	参加国平均	2.0

国立教育政策研究所（2019、pp.70-75）をもとに筆者作成。

ての職能開発（専門的な文書や書物を読むこと、オンライン上の講座やセミナーなど）の時間」は参加国中で最短です。職能開発へのニーズ自体は参加国と同等か、中学校教員はより高い傾向にあるにもかかわらずです。日本の教員は勤務時間の長時間化のために、教員として職能開発をしたいという意欲があっても、その機会が奪われているといえます。

日本の教員はこのように、その職務の中で、学者のような、警備員のような、栄養士のような、カウンセラーのような、スポーツインストラクターのような、キャリアコンサルタントのような、そして、子どもの保護者のような役割すべてを担わされているのが現実なのです。

3　教員の働き方の歪み

(1) 理想としての“聖職者である教員像”への期待（要求）

教員自身にも“聖職者としての教員像”に対して一般的に共有している認識があります。

教員は自らの職務のイメージについて、「忙しくて苦労が多い」仕事であるが、「子どものためにある責任の重い仕事であり、世の中のためになる」仕事であり、そしてそれは「楽しい」仕事と考えています[12]。

一方で、子どもたちの「先生のイメージ」は、教員と同様に「子どものためにある責任の重い仕事であり、世の中のためになる」仕事であり、さらに、「みんなから尊敬され、頭がいい人がつく」仕事であると考えており[13]、子どもたちの教員に対する信頼の高さがうかがえます。

では、保護者はどのように考えているのでしょうか。とくに部活動について、中学生をもつ保護者（子どもが部活動に参加していない保護者も含む）の意識を見てみます[14]。「部活動が教員の忙しさの要因である」と考えている保護者は72.8％もいました。教員の多忙化の要因と実態に一定の認識があることがわかります。一方で、「部活動の日数を減らした方がよい」と考えている保護者は27.9％でした。部活動が教員の仕事の忙しさの要因であることは認識しつつも、その日数を減らすことには消極的なのです。結果的に自分の子どものために、教員に長時間労働を強いることになっています。

久冨（2017）は、多忙な教員が子どもや保護者から熱心とみられることは、その信頼を確保することに有効であるとしつつも、「長時間労働もいとわずに取り組むのが美徳」とすることで、教員自身を圧迫する側面があ

12　HATOプロジェクト（2016）を参照。
13　HATOプロジェクト（2014）を参照
14　ベネッセ教育総合研究所・朝日新聞社共同調査（2018）を参照

ると指摘しています。さらに、90年代以降では「教育は専門家である学校・教員に任せる」といった伝統的学校観・教員観が弱まり、「学校はサービス機関、教員はサービス提供者、親は消費者」という新自由主義的学校観の蔓延が教員をさらに圧迫しているとしています。つまり、伝統的な“聖職者である教員像”を足場に、過剰にサービスを要求することが当たり前と捉えられる状態があるのです。さらに言えば、教員自身が、その要求に応えるのが「熱心」な教員だと認識しており、“聖職者である教員像”に縛られている状態にあると思われます。

(2) 教員の休職者数の増大

しかし、そのような期待（要求）に応える教員の働き方では、職務の範囲とその時間がますます増加することになります。厳しい働き方をしている教員は、どのような声なき声を上げているのでしょうか。**図表５**は、教員の休職者数とその推移を示したものです。

2008年度以降、精神疾患による休職者数は約5000人台で推移しており、病気休職者に占める精神疾患の割合も60～65％前後となっています。2008年度以降の精神疾患による休職者数と、2002年度のそれとを比較す

図表５　休職者数等とその推移

年度	在職者数（人）	病気休職者（人）	精神疾患による休職者数（人）	病気休職者に占める精神疾患の割合（%）
2002	925,938	5,303	2,687	50.7
2008	915,945	8,578	5,400	63.0
2013	919,717	8,408	5,078	60.4
2018	920,034	7,949	5,212	65.6

文部科学省「公立学校教職員の人事行政の状況調査について」（https://www.mext.go.jp/a_menu/shotou/jinji/1318889.htm、最終閲覧日2021年4月29日）、および、文部科学省「平成20年度　教育職員にかかる懲戒処分等の状況について」（https://www.mext.go.jp/a_menu/shotou/jinji/1288132.htm、最終閲覧日2021年4月29日）を参考に筆者作成。
調査対象は、公立の小学校、中学校、義務教育学校、高等学校、中等教育学校、特別支援学校における教職員。割合は小数点第２位を四捨五入した。

ると、約２倍程度の大きな開きがあります。もちろん、この精神疾患による休職者のすべてが多忙化、長時間化する働き方を要因としているとは言い切れません。しかし、近年のそれらの人数の多さと、その高止まりは、その職責に耐えられない教員が増えていることを示しています。

2013年に文部科学省は、教員のメンタルヘルス対策についての最終まとめを示し、その深刻な状態を認めています。文部科学省（2013）では、「仕事の質の面では、生徒指導上の諸課題、保護者や地域との関係において、困難な対応が求められることがあり、教職員個人が得てきた知識や経験だけでは十分に対応できないことがある。このため、困難な事案には校長等のリーダーシップにより複数の教職員で対応するとともに、教職員にはその時々の状況に応じて新たな知識や技能を習得することが求められている。また、外部機関と連携する機会も増えており、行動や思考の範囲をより幅広くし、積極的に対応することが求められている」と、精神疾患による休職者増加の分析と、その対策の必要性について言及しています。しかし、**図表５**のように、その後も精神疾患による休職者数は減るどころか、増加傾向にあるのが実態なのです。

４　教員の働き方改革の内容と課題

⑴ 教員の働き方改革として――業務内容の境界線の明確化

教員の働き方の実態やそれが引き起こす問題を踏まえて、さまざまな対応が考えられています。

先述の国立教育政策研究所（2017）によると、諸外国との教職員等指導体制の比較研究結果では、日本の教員は教育活動全般を担っていました。そこで、改善策として「正規の授業以外に展開されるカウンセリング、進路指導、給食・清掃指導、部活動指導といった、児童生徒に対する指導の負担を軽減することもまた重要になる」と言及しています。つまり、教員

図表６　教員の役割の分担や適正化を着実に実行するための方策例

基本的には学校以外が担うべき業務	学校の業務だが、必ずしも教師が担う必要のない業務	教師の業務だが、負担軽減が可能な業務
①登下校に関する対応 ②放課後から夜間などにおける見回り、児童・生徒が補導されたときの対応 ③学校徴収金の徴収・管理 ④地域ボランティアとの連絡調整	⑤調査・統計等への回答等（事務職員等） ⑥児童・生徒の休み時間における対応（輪番、地域ボランティア等） ⑦校内清掃（輪番、地域ボランティア等） ⑧部活動（部活動指導員等）	⑨給食時の対応（学級担任と栄養教諭等との連携等） ⑩授業準備（補助的業務へのサポートスタッフの参画等） ⑪学習評価や成績処理（補助的業務へのサポートスタッフの参画等） ⑫学校行事の準備・運営（事務職員等との連携、一部外部委託等） ⑬進路指導（事務職員や外部人材との連携・協力等） ⑭支援が必要な児童生徒・家庭への対応（専門スタッフとの連携・協力等）

中央教育審議会「新しい時代の教育に向けた持続可能な学校指導・運営体制の構築のための学校における働き方改革に関する総合的な方策について（中間まとめ）」（2017年12月22日）、「学校における働き方改革（中間まとめ）概要」（https://www.mext.go.jp/component/b_menu/shingi/toushin/_icsFiles/afieldfile/2018/01/26/1400723_02.pdf、最終閲覧日2021年４月29日）より筆者作成。

の仕事をカウンセラーなどの専門家に分業することを指摘しているのです。

ほかにも、教員の業務内容の見直しについては、文部科学省が次のような方策を示しています（**図表６**）。教員の長時間労働の要因のひとつでもある部活動については、スポーツ庁が2018年３月に「運動部活動の在り方に関する総合的なガイドライン」を策定し、文化庁が同年12月に「文化部活動の在り方に関する総合的なガイドライン」を策定しました。それを受け、各都道府県などでは部活動に関するさまざまな指針を定めました[15]。しかし、これらが実行されるには時間と費用がかかるので、どこまで実現可能性があるのかは未知数です。

15　たとえば、神奈川県教育委員会は「神奈川県の部活動の在り方に関する方針」を定めました。これが守られれば、結果として教員の勤務時間も縮減されることが考えられます。

(2) 教員の働き方改革として——改正給特法とその問題

さらに、教員の働き方改革のため、2019年12月4日に「公立の義務教育諸学校等の教育職員の給与等に関する特別措置法」の一部が改正（以下、改正給特法）されました[16]。改正給特法は、教員の働き方の現状を改善するために、たとえば時間外労働の上限指針を法的に位置づけるなど、一定の評価はできます。しかしながら、その運用については問題が残っています。ここでは、大きな変更のあった第５条（１年単位変形労働時間制の導入）と、第７条（時間外労働の上限指針）について見ていきます（**図表７**）。

髙橋（2020）は、改正給特法の第５条が、労働基準法の原理・原則とまったく異なる独自ルールを導入しようとしているとしています。2019年４月施行の改正労働基準法（以下、改正労基法）と比較すると、改正給特法の問題は次のように整理できます（**図表８**）。

さらに改正給特法第７条について、同様に改正労基法と比較すると次のように問題が整理できます（**図表９**）。教員にとって不利益な内容となった改正給特法について、髙橋（2020）は、改正労基法にある労使協定、割増賃金、使用者への罰則というブレーキがないことから、「月45時間、年間360時間」までは、（そもそも趣旨の異なる）教職調整額の支給だけで働かせ放題ととられかねないとしています。

さらに、嶋﨑（2020）は、改正給特法においては不可能であったが、条例制定により本制度が導入されるのであれば、職員団体による書面による協定を義務づけること、すべての教職員に画一的に導入するのではなく対象者を明確にすること（育児や介護、その他特別の配慮を要する者など個々の事情への配慮）や、監督機関として人事委員会に監督権限を付与する対処などの具体的対応策も示しています[17]。なぜなら、憲法第27条２項に由来

16　本改正について、第５条関係は2021年４月１日から、第７条関係は2020年４月１日からそれぞれ施行されました。

17　勤務条件条例主義の原則はあっても、地方公務員法第55条９項によれば、職員団体には当局との書面による協定の締結も認められていると指摘しています（嶋﨑、2020）。

図表７　改正給特法のポイント

第５条 １年単位変形労働時間制の導入	勤務が多い４月の勤務時間を伸ばし、その分を夏休み期間中の休日のまとめ取りするなどに変更することを各自治体の判断で可能にすることや、１カ月の時間外在校等の時間を原則月45時間以内、１年間では360時間以内とする時間外勤務の指針を法的に位置づけた。
第７条 時間外労働の上限指針	教員の勤務時間の上限に関するガイドラインを指針に格上げした。

髙橋（2020）をもとに筆者作成。

図表８　改正労基法と比較した改正給特法の１年単位変形労働時間制の問題

改正労基法（第32条の４）	改正給特法５条の問題
労働時間１年間平均して、１週間40時間の範囲内に設定できれば、対象期間に40時間を超える週、８時間を超える日があったとしても時間外労働にはならない。	突発的な生徒指導や保護者対応が生じる教員の業務の時間を、１年間を通して予測することが困難にもかかわらず導入する。なお、夏休み等の長期休業期間が閑散期であるとし、休日のまとめ取りをする。
１年単位変形労働時間制の導入にあたり、労使協定の提携を義務づけている。また、労働時間を細かく規定し、所管労働基準監督署に届け出る。	１年単位変形労働時間制の導入は、自治体の条例と教育委員会規則によって定めるため、労働当事者の意向が反映されない。
１年単位変形労働時間の導入にあたり、労働政策審議会の意見を聴いて、厚生労働省令で定める。	１年単位変形労働時間制の導入を、労働政策を所管していない文部科学省令によって定める。

嶋﨑（2020）、髙橋（2020）をもとに筆者作成。

図表９　改正労基法と比較した改正給特法の時間外労働の取り決めの問題

改正労基法（第32条・第36条）	改正給特法の問題
36協定（労基法36条に基づく労使協定）による労使合意というハードルが設定されているため、時間外労働をするには労働者の同意が必要。	労働者の同意がない中で時間外労働が許容される。
時間外・休日労働にあたり、超勤手当の支給が義務づけられている。	給特法上では、教員は給料月額４％の教職調整額を支給する代わりに、時間外・休日手当を支給しない。
仮に労使で合意しても、年間720時間を超えた時間外労働があった場合、使用者は「６箇月以下の懲役または30万円以下の罰金」という罰則がある。	上限を超えても罰則規定はない。

嶋﨑（2020）、髙橋（2020）をもとに筆者作成。

する労基法が定めた厳格性を、改正給特法は容易に緩和するおそれがあるからです[18]。

結局のところ、現状の給特法の時間外の扱い（たとえば時間外勤務手当を支給する限定４項目[19]の制限と、時間外は教員の自主的・自発的な行為という解釈）を、先の業務内容の明確化や部活動ガイドラインの順守などと関連させたうえで抜本的に勤務条件整備を行わない限り、この問題の解決は困難です。

なお、高橋（2019）は、教員自身が一人の労働者として自らの働き方を規定する関係法規に興味・関心をもつ必要があることも指摘しています。筆者は、実際に教員の権利を守るためには、管理職のマネジメント能力の向上がこれまで以上に求められると思います。これは、管理職が「時間外が多いから、早く帰れ」と教員に要求することを推奨するものではありません。教員の長時間労働が減らせるようにすべての教員に業務の割り振りをしたり、地域との関係性を見直したり、業務自体の削減を教育委員会に求めたりするようなマネジメント能力を発揮する必要があると思います。さらに言えば、高橋（2019）も指摘するように、教員自身が自分の働く権利の法的な内容について正確に認識することが求められます。教員が弁護士などの法の専門家に相談することも考えられます。それぞれの教員が自らの権利の正当性について認識し、主張することが大切なのです。

5　おわりに――“ナショナル・ミニマム”に対する国民的議論の必要性

以上のように、日本の教員は厳しく追い込まれている実態があります。

18　勤務時間管理のためにタイムカードが導入された結果、業務が終わっていないにもかかわらず管理職から早く帰るように要求される教員の存在や、タイムカード打刻後に仕事をしたり休日にタイムカードを打刻しないで月45時間を超えないようにしたりしている教員もいます（藤川、2020）。

19　校長が時間外勤務を命ずることができる限定４項目は、①生徒の実習に関する業務、②修学旅行その他学校の行事に関する業務、③職員会議に関する業務、④非常災害等の場合のみです。

子どもへの教育は国家・社会の形成者を育成するものであり、重要なものであることは誰しもに共有されると思います。しかしながら、教員に過度な負担が生じています。それぞれの教員にも、休日に遊んだり、家族と共に過ごしたり、好きな本を読んだり、映画を観たりして、自分の望む生き方をする権利があります。誰かの犠牲の上に成り立つ制度は、変えなければなりません。教員が生き生きと働くことができる学校が、“子どものために”必要な教育を行うことができる大前提だと思います。そこで、以下では考えられる対応策を述べて本稿を閉じたいと思います。

これまでに述べた内容を踏まえたうえで対応策として考えられるのは、「教員の人数を増やす」か、「諸外国のように教員以外の人に業務を任せる」です。

現状では、学校教育の内容を簡単に減らすことはできません。それどころか、学習指導要領の改訂などで新たな業務が追加されていく実態があります。そこで、まず「教員の人数を増やす」ことにより、教員１人あたりの業務を減らすという方法が考えられます。ただし、ここには日本の財政事情を考慮した場合、教育にどれだけお金を使うことができるのかという課題があります。なお、先述のとおり、小学校では35人学級が段階的に進むことになりました。よって、教員１人あたりの業務量について、小学校では改善がみられることも考えられます。しかし、日本の教員の業務内容は多岐にわたっていることから、よりいっそうの教員増や、中学校等にも教員増を拡大することが求められます。ただし、はじめに述べたように、教員の確保をどのように行うのかという課題があります。

では、「諸外国のように教員以外の人に業務を任せる」という方法はどうでしょうか。ここにも教員以外の専門家を雇用するにあたり財政の課題が存在します。さらに別の課題にもつながります。それは、これまでは子どもを一体的に見ていた教員が、たとえば部活動などを外部委託することにより、これまでは見えていた“子どもの何か”が見えなくなることが考えられます。これは、教員以外の専門家との連携体制をどのように構築するのかという課題です。さらに言えば、教員以外の人に業務を任せることにより、保護者、そして、子ども自身が求めている“聖職者としての教員像”が失われてしまうことも考えられます。子どもの人格の完成をめざし、教育全般に熱心に取り組む教員だからこそ獲得していた信頼が失われかねないのです。教員の働き方改革をして「教員は楽をしている」と捉えられたら本末転倒です。

これら課題を乗り越えるには、公教育に対する国民的議論が必要です。社会は変化しており、それに伴い教育内容の質も量も変化しています。過去に構築した制度がすでに成り立たなくなっているならば、教育制度を再構築する必要があります。保護者や地域の人にボランティアで助けてもらわないと成り立たない教育活動は、すでに破綻しているとも言えます。ここで指摘する国民的議論とは、先の対応策（**図表６**）にあるような学校が担っているすべての役割について「公教育は何をすべきか」という視点で再検討するということです。つまり、国民的議論により、現代において公教育が担う必要がある“ナショナル・ミニマム”を再検討し、子どもの教育の何を誰が担うのかについて明確化することです。そして必要であれば、しっかりと財政的支援をすることを確認することです。何でも教員の役割にする状態を脱却し、一方で専門職としての教員を尊重し、新しい“働き方様式”を国民全体で再検討・再構築することが求められるのです。

引用文献等

・教職員の働き方改革推進プロジェクト（2018）：『学校をブラックから解放する―教員の長時間労働の解消とワーク・ライフ・バランスの実現』学事出版.
・久冨善之（2017）：『日本の教師、その12章―困難から希望への途を求めて』新日本出版社.
・国立教育政策研究所（2017）：研究代表者大杉昭英「学校組織全体の総合力を高める教職員配置とマネジメントに関する調査研究報告書」、平成28年度プロジェクト研究（児童生徒の資質・能力を育成する教員等の養成、配置、研修に関する総合的研究）報告書（https://www.nier.go.jp/05_kenkyu_seika/pdf_seika/h28a/kyosyoku-1-8_a.pdf、最終閲覧日2021年４月27日）.

・国立教育政策研究所（2019）：『教育環境の国際比較　OECD国際教員指導環境調査（TALIS）2018報告書—学び続ける教員と校長』ぎょうせい.

・佐藤仁（2018）：「第１章　アメリカ合衆国の学校の役割と教職員」、藤原文雄編著『世界の学校と教職員の働き方　米・英・仏・独・中・韓との比較から考える日本の教職員の働き方改革』学事出版、pp.20-28.

・嶋﨑量（2020）：「一年単位の変形労働時間制がもたらす危険性」、内田良・広田照幸・髙橋哲・嶋﨑量・斉藤ひでみ『迷走する教員の働き方改革—変形労働時間制を考える』岩波書店、pp.48-62.

・仙台市教育委員会（2021）：「令和３年度実施 仙台市立学校教員採用選考募集案内」（https://www.city.sendai.jp/kyoshokuinninyo/documents/03kyosaipanfu.pdf、最終閲覧日2021年４月29日）.

・髙橋哲（2019）：「第６章　教員の権利と身分保障」、汐見稔幸・奈須正裕監修、佐久間亜紀・佐伯胖編著『アクティベート教育学②　現代の教師論』ミネルヴァ書房、pp.107-122.

・髙橋哲（2020）：「改正給特法総論　「異質」な一年単位変形労働時間制導入の問題」、『現代思想』Vol.48-6、青土社、pp.114-126.

・藤川伸治（2020）：「給特法改正は長時間労働解消につながるのか」、『現代思想』Vol.48-6、青土社、pp.127-143.

・ベネッセ教育総合研究所（2018）：ベネッセ教育総合研究所・朝日新聞社共同調査『「学校教育に対する保護者の意識調査2018」ダイジェスト』ベネッセホールディングス、ベネッセ教育総合研究所.

・文部科学省（2013）：教職員のメンタルヘルス対策検討会議「教職員のメンタルヘルス対策について（最終まとめ）」https://www.mext.go.jp/component/b_menu/shingi/toushin/__icsFiles/afieldfile/2013/03/29/1332655_03.pdf、最終閲覧日2021年４月27日）.

・HATOプロジェクト（2014）：愛知教育大学特別プロジェクト、教員の魅力プロジェクト「教員のイメージに関する子どもの意識調査」速報（https://www.aichi-edu.ac.jp/center/hato/mt_files/p4_teacher_image_150605.pdf、最終閲覧日2021年４月30日）.

・HATOプロジェクト（2016）：愛知教育大学特別プロジェクト、教員の魅力プロジェクト『教員の仕事と意識に関する調査』愛知教育大学・ベネッセホールディングス、ベネッセ教育総合研究所.

公立の義務教育諸学校等の教育職員の給与等に関する特別措置法

（趣旨）

1条　この法律は、公立の義務教育諸学校等の教育職員の職務と勤務態様の特殊性に基づき、その給与その他の勤務条件について特例を定めるものとする。

（定義）

2条　①　この法律において、「義務教育諸学校等」とは、学校教育法（昭和22年法律第26号）に規定する公立の小学校、中学校、義務教育学校、高等学校、中等教育学校、特別支援学校又は幼稚園をいう。

②　この法律において、「教育職員」とは、義務教育諸学校等の校長（園長を含む。次条第1項において同じ。）、副校長（副園長を含む。同項において同じ。）、教頭、主幹教諭、指導教諭、教諭、養護教諭、栄養教諭、助教諭、養護助教諭、講師（常時勤務の者及び地方公務員法（昭和25年法律第261号）第28条の5第1項に規定する短時間勤務の職を占める者に限る。）、実習助手及び寄宿舎指導員をいう。

（教育職員の教職調整額の支給等）

3条　①　教育職員（校長、副校長及び教頭を除く。以下この条において同じ。）には、その者の給料月額の100分の4に相当する額を基準として、条例で定めるところにより、教職調整額を支給しなければならない。

②　教育職員については、時間外勤務手当及び休日勤務手当は、支給しない。

③　第1項の教職調整額の支給を受ける者の給与に関し、次の各号に掲げる場合においては、当該各号に定める内容を条例で定めるものとする。

⑴　地方自治法（昭和22年法律第67号）第204条第2項に規定する地域手当、特地勤務手当（これに準ずる手当を含む。）、期末手当、勤勉手当、定時制通信教育手当、産業教育手当又は退職手当について給料をその算定の基礎とする場合当該給料の額に教職調整額の額を加えた額を算定の基礎とすること。

⑵　休職の期間中に給料が支給される場合当該給料の額に教職調整額の額を加えた額を支給すること。

⑶　外国の地方公共団体の機関等に派遣される一般職の地方公務員の処遇等に関する法律（昭和62年法律第78号）第2条第1項の規定により派遣された者に給料が支給される場合当該給料の額に教職調整額の額を加えた額を支給すること。

⑷　公益的法人等への一般職の地方公務員の派遣等に関する法律（平成12

年法律第50号）第２条第１項の規定により派遣された者に給料が支給される場合当該給料の額に教職調整額の額を加えた額を支給すること。

（教職調整額を給料とみなして適用する法令）

４条　前条の教職調整額の支給を受ける者に係る次に掲げる法律の規定及びこれらに基づく命令の規定の適用については、同条の教職調整額は、給料とみなす。

⑴　地方自治法

⑵　市町村立学校職員給与負担法（昭和23年法律第135号）

⑶　へき地教育振興法（昭和29年法律第143号）

⑷　地方公務員等共済組合法（昭和37年法律第152号）

⑸　地方公務員等共済組合法の長期給付等に関する施行法（昭和37年法律第153号）

⑹　地方公務員災害補償法（昭和42年法律第121号）

（教育職員に関する読替え）

５条　教育職員については、地方公務員法第58条第３項本文中「第２条、」とあるのは「第32条の４第１項中「当該事業場に、労働者の過半数で組織する労働組合がある場合においてはその労働組合、労働者の過半数で組織する労働組合がない場合においては労働者の過半数を代表する者との書面による協定により、次に掲げる事項を定めたときは」とあるのは「次に掲げる事項について条例に特別の定めがある場合は」と、「その協定」とあるのは「その条例」と、「当該協定」とあるのは「当該条例」と、同項第５号中「厚生労働省令」とあるのは「文部科学省令」と、同条第２項中「前項の協定で同項第４号の区分をし」とあるのは「前項第４号の区分並びに」と、「を定めたときは」とあるのは「について条例に特別の定めがある場合は」と、「当該事業場に、労働者の過半数で組織する労働組合がある場合においてはその労働組合、労働者の過半数で組織する労働組合がない場合においては労働者の過半数を代表する者の同意を得て、厚生労働省令」とあるのは「文部科学省令」と、同条第３項中「厚生労働大臣は、労働政策審議会」とあるのは「文部科学大臣は、審議会等（国家行政組織法（昭和23年法律第120号）第８条に規定する機関をいう。）で政令で定めるもの」と、「厚生労働省令」とあるのは「文部科学省令」と、「協定」とあるのは「条例」と、同法第33条第３項中「官公署の事業（別表第一に掲げる事業を除く。）」とあるのは「別表第１第12号に掲げる事業」と、「労働させることができる」とあるのは「労働させることができる。この場合において、公務員の健康及び福祉を害しないように考慮しなければならない」と読み替えて同法第32条の４第１項から第３項まで及び第33条第３項の規定を適用するものとし、同法第２条、」と、「から第32条の５まで」とあるのは「、第32条の３の２、第32条の４の２、第32条の５、

第37条」と、「第53条第１項」とあるのは「第53条第１項、第66条（船員法第88条の２の２第４項及び第５項並びに第88条の３第４項において準用する場合を含む。）」と、「規定は」とあるのは「規定（船員法第73条の規定に基づく命令の規定中同法第66条に係るものを含む。）は」と、同条第４項中「同法第37条第３項中「使用者が、当該事業場に、労働者の過半数で組織する労働組合があるときはその労働組合、労働者の過半数で組織する労働組合がないときは労働者の過半数を代表する者との書面による協定により」とあるのは「使用者が」と、同法」とあるのは「同法」と読み替えて同条第３項及び第４項の規定を適用するものとする。

（教育職員の正規の勤務時間を超える勤務等）

６条　①　教育職員（管理職手当を受ける者を除く。以下この条において同じ。）を正規の勤務時間（一般職の職員の勤務時間、休暇等に関する法律（平成６年法律第33号）第５条から第８条まで、第11条及び第12条の規定に相当する条例の規定による勤務時間をいう。第３項及び次条第１項において同じ。）を超えて勤務させる場合は、政令で定める基準に従い条例で定める場合に限るものとする。

②　前項の政令を定める場合においては、教育職員の健康と福祉を害することとならないよう勤務の実情について十分な配慮がされなければならない。

③　第１項の規定は、次に掲げる日において教育職員を正規の勤務時間中に勤務させる場合について準用する。

⑴　一般職の職員の勤務時間、休暇等に関する法律第14条に規定する祝日法による休日及び年末年始の休日に相当する日

⑵　一般職の職員の給与に関する法律（昭和25年法律第95号）第17条の規定に相当する条例の規定により休日勤務手当が一般の職員に対して支給される日（前号に掲げる日を除く。）

（教育職員の業務量の適切な管理等に関する指針の策定等）

第７条　①　文部科学大臣は、教育職員の健康及び福祉の確保を図ることにより学校教育の水準の維持向上に資するため、教育職員が正規の勤務時間及びそれ以外の時間において行う業務の量の適切な管理その他教育職員の服務を監督する教育委員会が教育職員の健康及び福祉の確保を図るために講ずべき措置に関する指針（次項において単に「指針」という。）を定めるものとする。

②　文部科学大臣は、指針を定め、又はこれを変更したときは、遅滞なく、これを公表しなければならない。

執筆者（末尾の数字は本書担当箇所）

教員

井上 弘毅（いのうえ・こうき）	横浜	4・5
金城 和秀（きんじょう・かずひで）	東京	1・8
鈴木 浩（すずき・ゆたか）	横浜	3・7
堤 拓（つつみ・たく）	横浜	6
仲村 秀樹（なかむら・ひでき）	東京	2

弁護士

伊藤 真哉（いとう・しんや）	神奈川県弁護士会	4
内田 和利（うちだ・かずとし）	神奈川県弁護士会	5
坂本 真史（さかもと・まさし）	神奈川県弁護士会	1
額田 みさ子（ぬかだ・みさこ）	第二東京弁護士会	8
村松 謙（むらまつ・けん）	神奈川県弁護士会	2・6
村松 剛（むらまつ・つよし）	神奈川県弁護士会	3
山中 大輔（やまなか・だいすけ）	第二東京弁護士会	7

研究者

中平 一義（なかだいら・かずよし）	上越教育大学准教授

教室から学ぶ法教育２
学校で求められる法的思考

2021年６月30日　第１版第１刷

編著者	教師と弁護士でつくる法教育研究会
発行人	成澤壽信
編集人	西村吉世江
発行所	株式会社 現代人文社
	〒160-0004 東京都新宿区四谷2-10 八ッ橋ビル7階
	電話　03-5379-0307（代表）　FAX　03-5379-5388
	E-Mail　henshu@genjin.jp（編集部） hanbai@genjin.jp（販売部）
	Web　http://www.genjin.jp
発売所	株式会社 大学図書
印刷所	株式会社 平河工業社
装幀	Malpu Design（高橋奈々）
本文デザイン	Malpu Design（佐野佳子）
イラスト	コバヤシヨシノリ

ISBN978-4-87798-783-1 C0037